대학생을 위한
사고와 표현

대학생을 위한
사고와 표현

초판 1쇄 발행   2019년 2월   8일
초판 5쇄 발행   2024년 2월 23일

저   자   권혁래·서은주·최윤정
펴 낸 이   박찬익
편 집 장   한병순

펴 낸 곳   ㈜ **박이정**
주   소   경기도 하남시 조정대로45 미사센텀비즈 8층 F827호
전   화   031)792 - 1193, 1195
팩   스   02) 928 - 4683
홈페이지   www.pijbook.com
이 메 일   pijbook@naver.com
등   록   2014년 8월 22일 제2020-000029호

ISBN   979-11-5848-425-5 03700

thinking and expression

대학생을 위한
사고와 표현

• • • • • • • • • • •

권혁래 · 서은주 · 최윤정 지음

(주)박이정

머 리 말

　이 책은 대학생을 위한『사고와 표현』글쓰기 교과목의 강의교재로 활용하기 위해 집필하였다.『사고와 표현』을 비롯해『대학 글쓰기』·『읽기와 쓰기』와 같은 교과목들은 적절한 교재와 실습을 통해 대학생들이 '생각하는 힘'을 기르고, 모국어로 '표현하는 능력'을 키우는 것을 목적으로 한다.

　대학 공부는 정보와 지식을 바탕으로 '생각하는 힘'을 기르는 것을 최고의 목표로 삼는다. 어떻게 하면 생각하는 힘을 기를 수 있을까? 제일 먼저 떠오르는 방법은 훌륭한 교수를 찾아 강의를 집중해서 듣고, 명저와 고전·논문 등을 읽는 것이다. 여행이나 체험을 통해 견문을 넓히는 것이나, 실험·실습을 통해 전문지식을 익히고 훈련하는 것도 좋은 방식이다. 재미있는 영상이나 디지털 콘텐츠를 감상하는 것도 생각하는 힘을 키우는 데 도움이 될 것이다. 어떤 방식이든 좋으니, 학생들은 대학생활을 하는 동안 지식을 익히고 생각하는 힘을 기르도록 노력해야 한다.

　의사소통의 범주는 음성 언어로 이루어지는 '말하기·듣기'와 문자 언어로 이루어지는 '읽기·쓰기'로 구분된다. 이 중에서 듣기와 읽기는 타인의 생각과 기존 지식을 수용하는 이해의 영역에 해당하고, 말하기와 쓰기는 자신의 생각이나 주장을 말과 글로 전달하는 표현의 영역에 속한다. 요즘 대학에서는 자기표현의 영역인 글쓰기를 집중적으로 훈련하고 결과를 평가하는데, 이것을 잘 하려면 생각하기와 읽기에 힘써야 한다. 이 책에 준비된 각종 질문과 예문, 토론과 글쓰기 실습을 통해 학생들이 생각하는 힘과 논리적으로 표현하는 능력을 기를 수 있기를 바란다.

이 책은 총 4부로 구성하였다. 1부 '글쓰기의 의미'는 글쓰기가 왜 중요하며, 글쓰기 환경이 변화함에 따라 어떻게 글을 써야 하는지, 좋은 글의 요건이 무엇인지에 대해 기술하였다.

2부 '글쓰기의 기초'는 소주제와 단락 구성, 서술 방법인 '설명'과 '논증'에 대해 이해하고 실습하도록 구성하였다.

3부 '글쓰기의 과정'은 학술 보고서를 작성할 때 일반적으로 적용하는 글쓰기 5단계에 대해 설명하였다. '주제문 작성-자료 검색과 활용-개요 작성-초고 쓰기-고쳐 쓰기'의 과정을 실습해보고, 인용과 주석 사용 방법을 습득하여 표절하지 않고 자신의 글을 완성하는 방법을 제시하였다.

4부 '글쓰기의 실제'에서는 대학에서 주로 작성하는 이력서 및 자기소개서, 문화비평문, 서평 및 칼럼, 프레젠테이션의 개념과 작성 요령 및 유의사항을 제시하였다. 특히, 각 분야의 다양한 예문을 통해 장르의 특징을 습득하고, 연습문제를 활용하여 생각을 정리하고 표현할 수 있도록 하였다.

이 교재는 복잡한 설명과 글쓰기 이론 부분을 최소화하고 핵심적인 내용을 중심으로 구성했으며, 예문과 연습문제를 통해 글쓰기를 실습할 수 있도록 집필하였다. 이 교재를 통해 학생들이 글쓰기의 의미와 방법을 숙지하여, 자신의 생각을 글로 표현할 수 있는 능력을 함양하길 기대한다.

이 책의 출판을 흔쾌히 허락해주신 박이정 출판사의 박찬익 사장님과 책을 정성껏 편집해주신 편집부 권이준 상무님, 강지영 팀장님께 감사의 말씀을 드린다.

저자 일동

thinking and expression

차 례

thinking and expression

차　례

I

•

글쓰기의 의미

글쓰기는 우리 사회에서 필요로 하는 경쟁력 있는 인재가 되기 위해 반드시 갖춰야
할 능력이다. 오늘날 글쓰기 환경이 변화함에 따라 어떻게 글을 써야 하는지, 좋은
글의 요건은 어떤 것인지 생각해보자.

1장. 글쓰기의 중요성

1. 왜 글을 쓰는가?

  말과 글은 인간의 가장 기본적인 의사소통 방법이다. 자신의 생각을 잘 표현하고 상대방의 이야기를 잘 이해하고 반응하면, 우리는 자유로움과 행복함을 느낀다. 그래서 우리는 어릴 때부터 자신의 생각을 분명하고 논리적으로 표현하며, 상대방의 이야기를 귀담아들으려고 주의를 기울이고 연습한다. 말과 글은 또한 일상생활에서 가장 실용적인 의사소통 방법이다. 의사소통 방법에는 그림, 음악, 몸짓 등도 있지만, 말과 글만큼 직접적이고 분명한 것은 없다. 인간은 오랫동안 일상생활과 각종 분야에서 말과 문자로 감정과 지식, 정보를 표현하는 방식을 개발하고 축적해왔다. 그래서 말과 글을 잘 이해하고 활용하면 원활하게 대인관계를 하고, 편리하게 사회생활을 할 수 있다. 우리는 인류가 오랫동안 쌓아온 지식을 익히기 위해, 세상과 소통하기 위해, 새로운 생각을 표현하기 위해 말하기와 글쓰기를 잘 익힐 필요가 있다.

  지금은 영상과 디지털의 시대이니, 책을 읽고 글 쓰는 게 별 필요 없다고 하는 사람들이 있다. 그런데, 정말 그러할까? 선진국의 초중등 교육을 보면 여전히 책 읽고 글 쓰는 공부를 중시한다. 대학교육을 보아도 컴퓨터와 스마트폰과 같은 디지털 기기를 많이 사용하긴 하지만, 기본은 독서와 에세이 쓰기다. 매 수업마다 몇 십 페이지 이상 책과 논문을 읽고 자신의 생각을 에세이로 써서 제출하는 수업이 허다하다. 1890년에 창설된 미국의 시카고대학은 학생들에게 교양교육의 일환으로 고전 100권을 각 분야에서 무조건 읽도록 했다. 학생들은 100권의 고전을 재학 중에 읽으면서 시공간을 초월해서 영원불변하는 진리를 발견하고 자신에게 깊은 감화를 준 역할모델도 발견했다고 한다.

마이크로소프트 회사를 창업한 빌 게이츠(Bill Gates)는 "오늘날의 나를 만든 것은 동네의 공립 도서관이었다.", "하버드 졸업장보다 소중한 것이 독서하는 습관이었다."라고 말한 바 있다. 세상에서 가장 바쁜 사람 가운데 하나인 빌 게이츠는 지금도 하루 한 시간, 주말에는 적어도 서너 시간의 독서 시간을 가지려고 노력한다고 한다. 미국의 전 대통령 빌 클린턴(Bill Clinton)은 "램블 학교에 다닐 때 독서에 대한 흥미가 늘면서 시내에 있는 가런드 카운티 공립도서관을 발견하게 되었다. 나는 그곳에 가서 몇 시간씩 죽치며 책을 뒤적이고 많이 읽었다."고 하였다. 그는 대통령 재직 시절, 10일 정도 휴가에 12권 정도의 책을 가지고 갔다고 한다. 클린턴 대통령이 휴가 때 무슨 책을 읽느냐는 항상 뉴스의 초점이었고 서점가의 관심사였다. 그가 읽는 책이 베스트셀러로 오르기 십상이었기 때문이다. 그의 자서전 『My Life』를 보면 클린턴의 인생사가 말 그대로 '독서의 역사'였음이 여실히 드러나 있다. 그는 대통령 재임 기간에 적어도 연간 60~100권의 독서량을 쌓았고, 재임 이외의 시기에는 연간 200~300권의 독서를 이어갔다고 말한다.

최근 한국에서도 글쓰기의 중요성이 부각되고 있다. 대학마다 글쓰기와 토론 등 의사소통 관련 교양수업을 강화하고 있고, 자기소개서 쓰기, 프레젠테이션 자료 작성하기, 기획안 작성하기, 스토리텔링과 글쓰기, 비즈니스 글쓰기 등 특화된 글쓰기 강좌나 책들이 인기를 끌고 있다. 스마트폰으로 하는 채팅, SNS 활동, 블로그 쓰기, 인터넷 게시판의 글쓰기와 댓글, 이메일과 문자 등도 결국 본질은 글쓰기다. 자신의 지식을 뽐내고 콘텐츠를 표현하려면 더 많이 자료를 찾고 다양한 글쓰기 방법을 익혀야 한다. 그렇지 않으면 디지털 시대의 구경꾼이나 소비자 역할만 하기 십상이다.

대학에서도 글쓰기 능력은 전문적이고 체계적인 공부를 하기 위해서라도 꼭 필요하다. 대부분의 경우, 대학공부는 글을 읽고, 보고서를 써서 제출하는 방식으로 진행된다. 수업은 교수의 강의를 잘 듣는 것뿐 아니라, 개인이나 팀 발표를 하는 방식으로 진행된다. 발표를 하려면 주제를 선정하는 능력, 자료를 조사하고 문서를 작성하는 능력, 요령 있게 발표하고 설득하는 능력이 필요하다. 간단한 보고서에서 소논문 쓰기나 서술식 시험문항의 답안 작성까지 대학생활은 다양한 글쓰기 능력을 요구한다. 공부의 완성은 글쓰기를 통해 이뤄진다고도 한다. PPT 발표를 할 때도, 먼저 '대본'이라는 것을 만들어 원고와 발표를 준비하지 않으면 안 된다. 대학을 졸업한 뒤의 직장 업무는 자료조사, 보고서 쓰기,

기획안 발표와 토론 등으로 이어지는데, 이는 대학생활 때 익혔던 글쓰기와 발표의 연장선 상에서 이뤄진다고 해도 과언이 아니다.

글쓰기는 우리 사회에서 필요로 하는 경쟁력 있는 인재가 되기 위해 반드시 갖춰야 할 능력이다. 요컨대 글쓰기는 첫째, 세상에 대한 관심, 지적 호기심, 자기표현 욕구에서 시작되며, 둘째, 끊임없이 관찰하고 독서하며 메모하는 습관, 사람들의 언행과 세계에서 일어나는 일들을 비판적이고 통합적으로 사고하는 습관을 통해 발전한다. 셋째, 부지런히 써보고, 읽고, 고치는 습관을 통해 완성된다.

2. 어떠한 생각을 담을 것인가?

대학은 전문적 지식을 배우고, 이를 활용하여 생각의 힘을 기르는 곳이다. 생각의 종류를 말할 때, 세 가지를 말한다. 수용적 사고, 비판적 사고, 창의적 사고가 그것이다.

수용적 사고란 자신이 읽고 듣고 배운 지식을 대체로 수긍하고 받아들이는 사고를 말한다. 초, 중고등학교 때는 거의 그렇게 지식을 받아들였다. 대학시절에는 방대하고, 때로는 서로 충돌하는 내용을 배우기 때문에 지식을 단순히 수용하기란 쉽지 않다. 그러므로 자신의 기준에서 지식을 정리하고, 질문하고, 때로는 의심하는 태도도 필요할 것이다.

비판적 사고란 자신이 배운 지식이 옳고 그른지 따져보는 생각의 방식을 말한다. 이는 또다른 말로 '정보를 분석하고 평가하는 과정'이라고 한다. 비판적 사고는 참이라고 읽고 배운 지식에 대해 그 의미를 파악하고, 제공된 증거와 추론을 검사하고, 사실들에 대해 판정을 내리는 과정을 갖는다. 우리가 배우는 지식이 언제나 옳은 것은 아니다. 지식도 시간과 공간의 제약을 받기 때문이다. 시간이 지나면 예전에 옳다고 생각했던 지식에 오류가 생기기도 하고, 지역이 바뀌면 수정해야 하는 지식도 있기 때문이다. 미국인들을 대상으로 한 실험결과가 한국인들에게 그대로 적용된다는 법은 없다. 그래서 우리는 지식을 배울 때, 한번쯤 의심해볼 줄도 알아야 한다. "정말 그러한가?", "구체적으로 무엇이 그러한가?"

창의적 사고는 어떤 문제에 대해 자신만의 새로운 생각이나 문제해결방식을 제시하는 사고방식이다. 대학 때 익혀야 할 것이 바로 창의적 사고다. 말하기와 글쓰기는 생각을 담아야 하는데, 어떤 생각을 담아야 할지 많이 생각해야 한다. 누구나 그렇게 생각하는 뻔한 지식, 중요하지만 당연한 생각만 담은 글은 재미가 없고, 가치도 떨어진다. 살아 있는 논점과 주제를 고르고, 필요한 근거 자료를 찾아 분석하고, 자신의 문제의식으로 새로운 문제해결 방식을 찾는 것, 그것이 창의적 사고이다. 창의적 사고를 담은 글은 재미있다. 사람들이 읽고 주목하게 된다. 그런 생각을 어떻게 만들어낼 수 있을지, 그런 글을 어떻게 쓸 수 있을지 고민해 보자.

2장. 정보매체의 환경변화와 글쓰기

　　1990년대 이후 컴퓨터의 보급, 인터넷과 디지털 기기의 확산으로 인해 글쓰기 환경은 급격하게 변화하고 있다. 지식을 습득하는 경로도 책에서 인터넷 문서로 변하고 있고, 글쓰기 방식도 노트에 글을 쓰는 방식에서 컴퓨터를 이용하여 입력·저장·수정·출력하는 과정으로 바뀌었다. 검색 기능이 좋아져서 인터넷 자료를 편집하거나 그대로 복사해서 글을 쓰는 일도 점점 많아지고 있다. 그렇다면 변화한 환경 속에서 어떻게 글을 쓰는 것이 좋을지 생각해보기로 하자.

1. 어떻게 자료를 얻는가?

　　20세기 후반까지 사람들이 지식을 얻는 가장 보편적인 방법은 책을 읽는 것이었다. 인류의 오랜 시간 동안 책은 귀족들이 독점했고, 신간은 흔치 않았으며, 고전과 외국에서 수입된 책은 귀하게 취급되었다. 불과 2~30년 전만 해도, 신문과 TV와 라디오 방송의 뉴스는 가장 새로운 소식을 전하는 매체였다. 소설과 시집은 지성인들이 읽어야 했던 필수 교양문학이었다. 그런데 1990년대 중반부터 사람들이 지식을 얻는 방법에 일찍이 없던 획기적인 변화가 생겼다. 컴퓨터가 보급되고, PC통신과 인터넷이 보급되면서 사람들은 디지털 매체를 통해 지식과 정보를 매우 쉽게 얻을 수 있게 되었다.

　　인터넷 포털 사이트에는 매일같이 수백, 수천 건의 세계 뉴스가 올라오고, 수많은 블로그 글과 사진, 동영상 자료가 탑재되고 있다. 뿐만 아니라 가장 전문적인 지식정보인 백과

사전이나 학술논문도 인터넷과 학술 데이터베이스를 통해 손쉽게 검색할 수 있다. 이메일, 스마트폰과 SNS 사용이 보편화되고, 영화와 유튜브를 통한 동영상의 감상이 일반화되면서 젊은이들은 신문과 소설과 시집을 더 이상 읽지 않게 되었고, TV와 라디오 뉴스도 시청하지 않게 되었다. 문학과 문자 텍스트는 정말 쓸모없게 된 것일까?

한 연구에 의하면, 영상과 디지털 이미지로 뇌 활동하는 것과 문자로 읽고 뇌 활동하는 것은 다른 영역이라고 한다. 문자는 서로 간의 약속을 담은 것이자 상상력을 자극하는 기호이다. 인류는 오랜 동안 문자 텍스트를 통해 지식을 축적하고 사고하고 생각을 교류해왔다. 영상과 디지털 매체가 우세해지는 시대이지만, 문자와 문학을 베이스로 한 지식과 사고방식은 여전히 유의미하다고 한다.

대학에서 하는 공부와 글쓰기는 여전히 책을 통해서 지식정보를 얻는 경우가 많다. 책은 아직까지 인류가 발견한 지식을 전달하고 저장하는 주요 매체로 사용되고 있다. 인터넷 자료를 이용하더라도, 한 주제에 관해 심도 있는 고찰을 한 단행본 저술을 찾아 그 주제의 맥락과 다양한 논쟁의 역사를 이해하는 것이 필요하다. 학술논문은 특정한 주제에 대해 여전히 가장 깊이 있는 분석 및 검증된 지식을 보여주므로, 대학생이라면 디지털 매체를 통해 학술논문을 찾아 읽고 최신 지식을 학습할 필요가 있다. 디지털 시대가 되었으니 인쇄매체에 담긴 지식정보는 쓸모없게 되었다는 주장은 가짜 뉴스일 뿐이다. 그러므로 대학생들은 인터넷 자료, 디지털 매체의 자료를 검색·활용하는 것과 더불어, 인류가 오랫동안 축적해온 고전 자료들, 그리고 인쇄매체를 통해 생산되고 있는 수많은 지식정보를 같이 이용해야 한다. 세계의 어떤 대학도 고전과 인쇄자료 읽기를 포기한 곳은 없다는 사실을 유념할 필요가 있다.

2. 자신의 시각과 의견 표현하기

요즘 시대는 예전에 비해 자료를 검색하고 편집하기가 훨씬 손쉬워졌다. 인터넷을 검색하면 몇 십 년 전 신문기사와 외국자료를 구할 수 있고, 도표나 이미지, 영상자료도 손쉽게 검색할 수 있다. 전문적인 백과사전이나 위키피디아 자료, 아카이브 자료도 방법만 알면 얼마든지 이용할 수 있고, 학술논문도 학술검색 사이트를 접근할 수 있으면 PDF 파일로 원문 다운로드를 할 수 있으니 자료검색은 너무나 편리한 시대가 되었다. 그래서 지금 시대를 지식공유의 시대요, 집단지성의 시대라고도 한다. 이제 지식은 어느 특정한 사람들의 전유물이 아니니, 적극적으로 검색해 자료의 질을 평가하고 재구성하는 능력이 중요해지고 있다.

　다만, 자신이 검색하고 재구성한 자료에 자신의 시각과 의견을 조금씩 담아가는 방법을 익혀야 한다. 단지 어떤 주제에 대해 인터넷 기사를 참고해 편집·정리만 한다면 다른 사람의 글과 차별성을 갖기 힘들기 때문이다. 글이란 일정한 정보와 지식을 제시·활용하는 것도 중요하지만, 자신의 시각, 의견, 주장을 드러내려고 애써야 한다. PPT 발표를 하는 경우에도 자신이 참고한 정보와 지식을 어디에서, 어떠한 과정을 거쳐 얻은 것인지를 페이지마다 밝혀주고, 자신의 생각했거나 새롭게 주장하는 부분은 구분해서 밝혀줄 필요가 있다. 완전한 창의란 없다. 자료를 적극적으로 검색·활용하되, 단순 편집이 아니라 자신의 시각·생각·의견을 담으려고 노력한다면 분명 글은 점점 더 좋아질 것이다.

3장. 좋은 글의 요건

어떻게 하면 좋은 글을 쓸 수 있을까? 글쓰기의 핵심은 내가 하고 싶은 말을 잘 표현하는 것에 있다. 이렇게 하려면 생각을 정리하여 글을 쓰는 습관을 들이고, 좋은 글을 찾아 읽어보며 학습하는 과정이 필요하다. 좋은 글들을 살펴보면 대개 공통적인 특징이 발견되는데, 우선 좋은 생각을 담고 있으며, 그것이 좋은 문장으로 표현되었으며, 아울러 좋은 짜임새를 갖추고 있다. 이를 주제, 문장, 구성이라는 개념으로 설명할 수 있다. 이를 좀 더 구체적으로 설명하면 다음과 같다.

첫째, 주제가 타당하고 분명해야 한다.

좋은 글은 그 주제가 타당하고 분명해야 한다. 자신이 쓰고 싶은 글의 내용이 무엇인지 여러 번 생각하고, 한두 문장으로 적어보자. "나는 무엇을 위해 이 글을 쓰는가?" "나는 왜 이 글을 쓰는가?", "내가 주장하고 싶은 이야기는 무엇인가?"에 대해 스스로 묻고 답해야 한다. 이 물음에 대한 답들이 글의 목표와 주제가 된다.

둘째, 창의적 사고를 담아야 한다.

우리가 대학에서 쓰는 글들은 대개 주제와 자료가 비슷할 때가 많으며, 자기주장이 분명하지 않을 때가 많다. 비슷한 글은 차별성이 없다. 좋은 글을 쓰려면 먼저 '타당하고 분명한 주제'를 잡아야 한다고 했는데, 이를 좀 더 구체적으로 표현하면, ①새로운 주장(내용), ②새로운 관점(방법), ③새로운 자료(사례)를 포함시켜야 한다. 이중 하나 이상을 갖춰 활용한 글을 우리는 '창의적 사고'가 담긴 글이라고 평가한다. 창의적 사고가 담긴 글은 사람들에게 깊은 인상을 주며, 영감을 자극한다.

창의적 사고를 얻는 가장 효율적인 방법은 '다독(多讀)'이다. 책이나 학술논문, 신문기사, 각종 디지털 자료, 동영상 및 시각 자료들을 읽으며 우리는 창의적인 관점, 주장, 자료들을 파악하고 활용할 수 있다. 대학은 이런 자료들을 가장 많이 소장하고 있고 무료로 제공하고 있다. 여행이나 체험, 다양한 사람들과의 만남도 창의적 상상력을 얻는 데 큰 도움이 된다. 이러한 경험을 많이 한 사람들은 창의적 글쓰기 자료를 많이 갖춘 셈이다.

셋째, 문장은 '명확한 의미 전달'과 '정확한 표현'이 핵심이다.

좋은 문장이란 '명확한 의미 전달'과 '정확한 표현'으로 요약될 수 있다. 명확한 의미를 전하려면, 대상이나 수식어를 표현할 때 오해나 혼란을 일으키는 불명확한 개념어나 서술은 피해야 한다. 일찍이 허균은 "어렵고 교묘한 말로 글을 꾸미는 것을 문장의 재앙"이라며 경계하고, "글이란 자신의 마음과 뜻을 다른 사람에게 제대로 전할 수 있도록 쉽고 간략하게 짓는 것"이라며, 의미의 명확한 전달을 강조했다.

정확한 문장으로 표현한다는 것은 합당한 단어를 사용하는 것, 주어-서술어 등 문장성분을 연결시키는 것, 너무 길지 않게 쓰는 것, 맞춤법과 문법 지키기와 같은 주의사항을 지키는 것을 의미한다.

《Tip》 정확한 문장을 쓰는 방법

- 주어-서술어 등 문장성분 연결
  - 문장을 쓸 때 늘 '주어-서술어'가 호응되도록 유의한다.
  - 주어, 목적어, 서술어 등 필수문장 성분이 빠지지 않았는지 확인한다.

- 너무 길지 않은 문장
  - 문장이 너무 길어지지 않도록 주의한다. 한 문장에 '주어-서술어'의 구성은 두 번까지만 사용하는 게 좋다. '주어-서술어' 구조가 여러 번 반복되면, 글이 복잡하다는 인상을 주기 쉽다.
  - 초고를 쓸 때는 가급적 단문으로 짧게 쓰고, 불필요한 수식어를 삼가는 것이 좋다.

- 맞춤법과 문법 지키기
  - 한글맞춤법과 국어사전을 찾아보며 오자를 고치려 노력한다.
  - 조사, 어미의 쓰임을 바르게 한다.
  - 쉼표와 마침표 등 문장부호를 바르게 사용한다.
  - 비교와 대조, 나열 등 성분이나 단어들이 이어지는 관계가 쉽게 나타나도록 한다.
  - 피동 표현을 줄이고, 가능하면 능동 표현을 사용한다.

넷째, 짜임새 있는 구성을 갖춰야 한다.

좋은 글은 목적에 맞는 나름의 틀을 갖추어야 한다. 가장 일반적 구성은 '시작-중간-끝'의 형식으로 설명되기도 한다. '시작'과 '끝'이라는 형식 없이, '중간'(본론)만 써서 채운 글은 재미가 없고, 조급하다는 평가를 받기 쉽다.

설명문이라면 '머리말-본문-맺음말', 논증문은 '서론-본론-결론' 등의 형식이 있다. 우리가 대학생활 글쓰기를 위해 쓸 실용적 글들(설명문, 보고서, 감상문, 서평 등)을 아우르는 일반적 구성으로는 '배경-내용과 의견-요약'이라는 3단계 구조를 익혀두면 좋다. 논증문을 예로 들어 각 단계에서 쓸 내용을 요약하면 다음과 같다.

서론에서는 '왜 내가 이 글을 쓰는가?'라는 질문을 의식하며, 글쓰기의 맥락과 문제의식, 논점을 제시한다.

본론에서는 '나는 무엇을 주장하는가?'라는 질문에 대해, 주장을 한두 가지로 항목화하여 내세우고, 각 주장마다 근거 자료를 들어 논리적이고 구체적으로 풀어쓴다. 본론은 나의 주장 및 의견을 잘 드러내는 것이 핵심이다.

결론에서는 앞에서 한 이야기들을 간략히 요약하고, 시사점이나 제언 등을 기술하며 글을 끝맺는다.

각 단락의 분량은 너무 길지 않게 한다. 한 문단은 보통 4~6개의 문장으로 구성하는 것이 적당하다. 문단의 첫머리는 반드시 들여쓰기를 해서 문단이 시작되고 끝맺어지는 것을 보여준다. 처음부터 끝까지 한 문단으로 쫙 이어진 긴 글은 읽기에 매우 부담스러우므로 적절한 분량으로 글을 쓰는 것이 좋다.

1 아래 〈글쓰기 습관 점검표〉를 보고, 자신의 글쓰기 습관을 점검하고, 개선할 점을 적어보자.

• **내용**

1. 주제를 분명하게 설정하고 쓴다.

2. 생각한 주제를 주제문으로 작성한다.

3. 개요를 작성하고 쓴다.

4. 주제에 필요한 자료를 찾는 방법을 알고 있으며, 자료를 충분히 검토한다.

5. 대안이나 해결방안을 구체적으로 생각해낸다.

6. 내 글을 읽을 독자를 고려한다.

7. 제목을 반드시 붙인다.

• **형식**

1. 글의 주제를 두고 구성방식을 정해 쓴다.

2. 단락이 새롭게 시작되면 들여쓰기를 한다.

3. 글은 '서론-본론–결론'의 형식을 의식하며 쓴다.

4. 단락의 분량을 적절하게 맞춰 쓴다.

---

2 자신의 글쓰기 능력은 어느 정도라고 생각하는가?

(1) 매우 잘한다　　　　(2) 잘한다　　　　(3) 보통이다

(4) 못한다　　　　(5) 아주 못한다

3 글쓰기에서 가장 자신 없는 부분은 무엇인가?

(1) 맞춤법과 띄어쓰기　　　(2) 어휘력(단어)　　　(3) 어법에 맞는 문장

(4) 단락구분　　　(5) 제목 붙이기

4 다음 문제에 대해 메모해보고, 옆 사람들과 이야기해보자.

(1) 최근 나는 어떠한 책을 읽고 있는가?

---

(2) 동영상 자료보다 독서(또는 고전 읽기)가 대학시절 공부에 어떠한 도움이 된다고 생각하는가?

---

(3) 내가 읽은 책에서 느낀 것은 무엇인가?

Ⅱ
●

글쓰기의 기초

단락은 글쓴이가 전달하고자 하는 내용을 체계적으로 보여주는 가장 작은 단위이다.
한 편의 글을 쓰기 위해 글의 기본 단위인 소주제와 단락에 대해 배우고, 서술의
방법인 설명과 논증에 대해 구체적으로 살펴보고 적용해보자.

1장. 소주제와 단락

1. 단락이란

　한 편의 글에는 단어나 문장처럼 글쓴이의 생각을 나타내는 내용적 요소 외에도 의미 전달을 더욱 명확하게 하기 위해 만들어진 형식적 요소가 존재한다. '띄어쓰기', '문장부호', '들여쓰기' 등이 그 대표적 사례다. '띄어쓰기'는 어절과 어절을 구별함으로써 글을 읽을 때 문장의 성분과 구조를 보다 쉽게 파악할 수 있게 한다. 쉼표, 마침표, 물음표, 느낌표 같은 '문장부호'는 구절이나 문장을 구별하는 기능과 함께 글쓴이의 의도나 글의 의미를 보완해 주는 역할도 수행한다. '들여쓰기'는 하나의 단락이 끝나고 다른 단락으로 바뀔 때 사용한다. 그런데 글을 쓸 때 띄어쓰기와 문장부호는 비교적 자연스럽게 사용하는데 비해, 들여쓰기는 글의 어떤 지점에서 행해야 하는지 망설이는 때가 많다. 이는 단락에 대한 이해가 분명하게 잡혀 있지 않기 때문이다.

　단락은 글쓴이가 전달하고자 하는 내용을 체계적으로 보여주는 가장 작은 단위이다. 단어와 단어가 모여 문장이 되고, 문장들이 모여 단락이 되고, 단락이 모여 한 편의 글이 완성된다. 단락은 들여쓰기를 통해 겉으로 구별되고, 한 편의 글은 대개 하나 이상의 단락으로 이루어진다. 하나의 단락 안에서는 하나의 중심 생각만이 존재해야 하는데, 글의 전체 주제(대주제)와 구별하기 위해 단락의 중심 생각을 소주제라 부른다. 단락은 서로 연관된 여러 개의 문장이 모여서 '하나의 중심 생각'을 만들어내는데, 소주제를 담고 있는 문장을 소주제문(중심문장)이라고 한다. 단락의 소주제를 효과적으로 제시하기 위해서는 이것을 뒷받침해 주는 문장이 필요하다.

▎단락

- 단락은 글쓴이의 중심 생각을 드러내는 의미의 가장 작은 단위
- 단락은 몇 개의 문장들이 모여 하나의 소주제(중심 생각)를 나타내는 글쓰기의 기본 단위
- 단락은 하나의 중심문장과 몇 개의 뒷받침문장들로 구성됨

2. 단락 구분의 필요성

단락에 대한 이해가 부족하면 단락을 나누지 않고 글 전체를 하나의 단락으로 만들거나, 문장 하나를 하나의 단락으로 쓰기도 한다. 들여쓰기 형식을 통해 단락을 나누는 것은 눈으로 글의 구조를 파악하게 하는 기능도 있지만, 무엇보다 소주제를 유기적으로 배치하여 글의 논리와 체계를 세우기 위함이다. 각 단락의 작은 생각들을 하나씩 파악해 나감으로써 글 전체의 큰 생각을 자연스럽게 이해하게 된다.

그렇다면 좀 더 구체적으로 어떤 때에 단락을 구분해서 써야 하는지를 생각해 보자. 우선 생각이나 논점, 주장이 달라질 때는 반드시 단락을 구분해야 한다. 전달하고자 하는 핵심 내용이 달라지기 때문이다. 그 외에도 서술하고자 하는 대상이 달라지면 단락을 구분해서 써야 한다. 예를 들어 대상으로 삼은 사건이나 현상이 변화하거나, 혹은 서술 대상이 위치하는 시간, 공간, 장면이 달라진다면 단락을 바꿔 준다. 또한 대상 인물이 달라졌거나 대상의 상태, 동작 등에서 어떤 변화가 있을 때도 단락을 구분해 서술해 주는 것이 좋다. 마지막으로 다른 사람의 글을 직접 인용할 때 인용문의 길이가 길면 단락을 따로 만들어 제시하는 편이 좋다. 단락을 구분하는 것은 글을 쓰는 사람의 의도에 따라 이루어지는 것이지만, 소통을 중요하게 생각한다면 글을 읽는 사람의 입장을 무엇보다 우선적으로 고려해야 한다.

▎단락 구분이 필요한 때

- 논점이나 주장의 변화가 있을 때
- 서술 대상이 되는 사건이나 현상이 달라질 때
- 서술 대상인 인물이 다른 인물로 바뀌거나, 한 인물의 상태나 동작이 변화할 때
- 시간, 공간의 변화로 장면이 달라질 때
- 길이가 긴 인용문을 넣을 때

3. 단락 쓰기 유의점

(1) 문장과 단락은 다르다.

한 단락에서 다른 단락으로 넘어갈 때는 줄을 바꾸고 칸을 들여 쓴다. 이는 원고지 글쓰기나 컴퓨터 문서 작업에도 마찬가지로 적용된다. 최근 인터넷 글쓰기를 보면, 한 문장이 끝날 때마다 줄을 바꿔 쓰는 사례를 자주 발견하게 된다. 별 생각 없이 습관처럼 줄을 바꿔 쓰는 사람이 의외로 많다. 이는 단락 개념이 제대로 서 있지 않기 때문이며, 대개 자신의 생각이나, 써야 할 글의 내용이 충분히 준비되지 않은 상태에서 글을 쓰기 때문이다. 여러 문장을 합쳐 하나의 소주제를 충분히 다룬 다음, 줄을 바꾸고 들여쓰기를 한다는 사실을 기억하자.

(2) 한 단락에는 하나의 소주제만을 다룬다.

생각이 정리되지 않은 채로 글을 쓰면 여러 개의 소주제를 하나의 단락에 늘어놓게 된다. 이 경우 글이 산만해지고 중언부언하게 되어 단락의 일관성, 통일성을 해치게 된다. 하나의 소주제에 모든 것을 응집시켜 하나의 단락을 만드는 훈련이 필요하다.

(3) 특정 단락이 너무 짧거나 너무 길면 글의 안정감이 떨어진다.

특별한 경우를 제외하면 대개 단락은 여러 개의 문장으로 이루어진다. 그런데 논증의 글에서 서론, 본론, 결론을 체계적으로 구성하지 못해, 서론이 장황하게 길어지거나 결론을 한 두 문장으로 맺는 경우가 많다. 단락의 길이는 전체 글의 구성과 조화를 이루어야 하며, 서론, 본론, 결론 등의 각 구성 단계에 부합하는 내용을 담아야 한다. 개요를 작성하면서 단락의 적정한 분량을 미리 정해놓는 것도 구성의 안정감을 높이는 하나의 방법이다.

4. 단락 구성하기

하나의 단락은 소주제문(중심문장)과 뒷받침문장들로 구성된다. 소주제문은 완전한 문장의 형태로 써야 하며, 제한된 하나의 생각을 진술하고, 의문문, 감탄문, 부정문은 피하는 것이 좋다. 또한 명료한 어미를 사용하여, '~라고 생각한다', '~인 것 같다' 등의 표현은 피한다.

소주제문이 한 단락에서 어디에 놓이느냐에 따라 두괄식 단락, 미괄식 단락, 양괄식으로 구분한다. 두괄식 단락은 소주제문을 먼저 제시하고, 뒤이어 뒷받침문장들을 통해 부연 설명하거나, 예시를 들어 구체화하거나, 근거를 들어 논리적으로 증명하는 방식을 취한다. 미괄식 단락은 뒷받침문장들이 먼저 제시되고 이를 포괄하는 소주제문으로 마무리를 한다. 양괄식은 단락의 처음과 끝에 소주제문을 반복적으로 제시하여 글의 주제를 더욱 강조한다.

(1) 두괄식 단락 구성

두괄식 구성이란 하나의 단락을 만들 때 중심 생각을 담은 소주제문을 단락의 처음에 위치시키는 방식을 말한다. 두괄식은 글쓴이의 생각을 맨 앞에서 분명하게 제시하는 방식으로, 독자들에게 글의 중심 생각을 쉽게 파악할 수 있게 해준다. 이 경우 중심문장 다음에 오는 뒷받침문장들이 내용에 대한 이해를 보완하고 풍부하게 만들어 주는 역할을 담당한다.

중심문장 + 뒷받침문장들

예문 1   두괄식 단락

> 일부 학자들은 남성의 공격적 성향이 생물학적 근거를 가진다기보다 사회적이고 문화적인 환경과 관련된다고 본다. 이들은 남성의 공격 성향은 문화권마다 차이를 나타낸다고 말한다. 사실 어떤 문화권에서는 남성들이 다른 문화권에서보다 더 '수동적'이거나 '얌전하게' 행동해야 한다. 그러므로 결국 문화적 요인이 문제가 된다고 볼 수 있다. 대개의 문화권에서 여성은 자식을 잉태하고 양육하는 데에 삶의 중요한 부분을 사용하기 때문에, 사냥이나 전쟁에 우선적으로 참여할 수 없었던 것이다. 오랜 기간 동안 사회적으로 주어진 역할을 지속하는 과정에서 남성은 더욱 공격적으로, 여성은 스스로를 점점 수동적으로 만들어왔다고 볼 수 있다.

(2) 미괄식 단락 구성

미괄식 구성은 중심문장을 단락의 제일 마지막에 위치시키는 방식을 말한다. 미괄식은 중심문장을 이끌어내기 위해 충분한 근거나 설명을 미리 제시하기 때문에 뒷받침문장들

사이의 논리적 연관성이 특히 중요하다. 따라서 글의 내용이 독자들의 공감을 얻거나 동의를 구하기 쉽지 않을 때 미괄식 구성을 활용하면 효과적이다. 미괄식은 중심문장이 단락의 끝에 있어 글쓴이의 생각을 미리 알 수 없기 때문에 독자들은 더욱 집중해서 글을 읽게 된다.

뒷받침문장들 + 중심문장

예문 2 미괄식 단락

문학의 위기가 말해진 지는 꽤 오래되었다. '위기'를 문제 삼는 것은 마땅히 있어야 할 것들이 사라져 가는, 혹은 있어도 제 역할을 다하지 못하는 사태에 대해 안타까움을 갖기 때문이다. 실제로 '순수문학', '본격문학'이라 부르는 범주의 작품뿐만 아니라 상업성을 가진 대중소설도 잘 팔리지 않는다는 것이 출판계의 분석이다. 대형서점에서도 문학 분야의 공간은 과거에 비해 눈에 띄게 축소되었다. 이러한 변화를 추동한 기저에는 무엇보다 매체환경의 변화가 자리 잡고 있다. 인터넷 상에서 실시간으로 전송되는 정보들을 읽기에도, 디지털화된 다양한 콘텐츠를 즐기기에도 시간이 부족하다. 또한 신자유주의의 경쟁 속에서 사람들이 관심을 갖고 매진해야 할 '실용적인' 일들이 너무 많은 것도 문학을 찾지 않는 이유가 된다. 그런데 이런 위기 상황에서도 그나마 문학을 떠받치고 있는 것은 학교 교육을 근간으로 하는 제도라 하겠다. 중고등학교의 국어·문학 교과서, 대학의 교양 과목, 입시 논술과 대학 글쓰기 같은 제도가 없었다면 문학은 이 정도라도 유지하기 어려웠을 것이다. 문제는 바로 여기에 있다. 약이 어느 순간 독이 되듯, 제도가 감싸온 문학은 그 제도가 만들어 놓은 타율성의 부작용을 고스란히 돌려받고 있다. 시험을 위해, 과제를 위해 어쩔 수 없이 시를 읽고 소설을 읽었던 학생들이 성인이 되어 자발적으로 문학을 찾을 확률은 매우 낮을 수밖에 없다. 문학의 진정한 위기는 그것이 타율성을 환기시키는 존재로 전락해 버렸다는 데 있다.

1 다음 화제를 발전시켜 주제를 구상해보고, 중심문장과 뒷받침문장들로 이루어진 하나의
단락을 만들어보자.

(1) 나에게 영향을 준 인물

(2) 20대에 꼭 하고 싶은 일

2 다음 내용으로 두괄식 혹은 미괄식 단락을 만들어보자.

(1) SNS에서의 자기 과시

(2) 공무원 시험 열풍

(3) 동물 실험

2장. 서술의 방법

1. 설명하기

설명: 이해를 위한 글

설명이란 어떤 사실이나 사물에 대하여 정보와 지식을 주고 이해를 돕는 서술 방식이다. 이미 알려진 사실이나 지식을 토대로 하여 어떤 일의 내용이나 현상, 이유 또는 개념이나 원리, 법칙 등에 대해 알기 쉽게 풀어 쓴 글이다.

일상생활에서 쉽게 접하는 다양한 글에서부터 학습을 위한 교재에 이르기까지 많은 글들이 설명의 방식을 취하고 있다. 전자제품을 살 때 접하게 되는 사용설명서나, 각종 기관의 홈페이지에 접속할 때 만나게 되는 소개란, 그리고 지식을 얻기 위해 가장 쉽게 활용하는 백과사전이나 각종 교과서 등을 예로 들 수 있다.

설명하는 글은 독자의 필요에 알맞은 내용으로 일정한 순서와 논리에 따라 체계적으로 정리해야 한다. 무엇보다 개인적 의견이나 감정을 최대한 배제하고 객관적으로 써야 하며, 전달하려는 내용을 알기 쉽게 구체적으로 써야 한다. 설명의 글은 대상에 대한 이해를 목적으로 하기 때문에 어려운 말이나 장황한 수식어는 피하고 최대한 간결한 문장을 사용하는 것이 좋다.

설명하는 글의 표현 방법에는 정의, 비교·대조, 예시, 분류·구분, 분석, 설명적 서사, 설명적 묘사 등이 있다.

(1) 정의

정의는 어떤 말이나 사물의 뜻을 밝히는 방법이다. 주로 어떤 개념에 대해 설명하며, 가장 대표적이고 간단한 사례는 사전적 정의이다. 그러나 대상을 제대로 이해하기 위해서는 사전적 정의만으로 충분하지 않은 때가 많다. 이런 경우 대상의 어원이나 기원 등을 통해 개념을 확장하고, 자신의 주관적이고 독창적인 견해를 더해 대상을 새롭게 규정하는 '확대 정의하기'도 가능하다. 글쓰기의 주제를 선정하고 나서 그에 맞게 글을 쓰는 동기를 제시한다거나, 자신이 앞으로 쓸 내용에 흥미를 환기시키기 위해 확대 정의를 활용하면 좋다. 즉 확대 정의는 일반적이고 사전적인 정의만으로는 대상의 속성을 구체적으로 파헤치거나, 자신의 주장을 펼쳐나가기 어려울 때 필요하다. 확대 정의라고 해서 자기 마음대로 자유롭게 설명하는 것이 아니라, 자신이 쓰려는 글에서 대상에 대한 새로운 정의가 필요한 맥락을 고려하는 것이 무엇보다 중요하다.

예문 1　사전적 정의와 확대 정의

휴대폰	
사전적 정의(표준국어대사전)	확대 정의(학생 글)
손에 들거나 몸에 지니고 다니면서 걸고 받을 수 있는 소형 무선 전화기	편리한 물건으로 자유를 제공하지만 반대로 삶의 즐거움과 여유를 방해하고 구속하는 물건. 하지만 이런 사실을 알아도 버릴 수는 없는, 현대인을 중독에 빠뜨리는 필요악과 같은 대상

예문 2　개념의 기원과 역사를 설명하는 정의의 글

마녀사냥

정치적인 이유에서, 혹은 여론에 밀려 무고한 사람을 죄인으로 모는 것을 마녀사냥이라고 한다. 그런데 마녀사냥은 원래 종교에 바탕을 둔 용어로 무고한 사람을 단죄하려는 의도가 두드러졌던 것도 아니다. 역사적으로 마녀사냥은 중세에 성행했던 종교재판에 근원을 두고 있다. (중략) 그리스도가 지배 이데올로기로 자리 잡은 유럽의 중세에서는 교회의 '정통' 교리에서 조금만 벗어나도 이단으로 간주했다. 종교재판에서는 이 이단을 곧 마법이라고 규정한 것이다.

종교재판의 과정은 결코 객관적이지 않았다. 명칭이 재판이라고 해서 오늘날의 법적

절차를 연상하면 안 된다. 우선 종교재판관은 누구의 고소도 필요 없이 의심이 가는 사람을 데려다 놓고 바로 심문할 수 있었으며, 당사자의 자백이 없어도 두 사람의 증언만으로 간단히 유죄판결을 내릴 수 있었다. 게다가 고문도 승인되었다. 냉전시대의 간첩신고처럼 교회는 이단에 대한 밀고를 적극 장려하였다.

종교개혁의 분위기가 무르익어갈 무렵인 15세기 말에 카톨릭 세력의 정치적 중심이 에스파냐로 옮겨가면서 '마녀'라는 용어가 부쩍 자주 사용되기 시작했다. 이 시기에 마녀는 단지 마법을 쓰는 여자가 아니라 악마와 계약하고 성관계를 맺은 존재였다. 이런 마녀론이 등장함에 따라 본격적인 마녀사냥이 개시되었다.

재판관은 피의자에게 가혹한 고문을 가해 1년에 한 차례 깊은 밤중에 열린다는 '악마의 연희'에 참석했다는 자백을 받아내고 그것을 마녀라는 증거로 간주했다. SF영화도 아니고 그런 연회가 실제로 존재할 리는 없을 터다. 그들의 숨은 의도는 전염병이나 천재지변을 당한 마을에서 액땜을 하거나 이를 주술적으로 예방하려는 것이었다. 이를테면 마녀는 종교적 희생양인 셈인데, 실제로 그 제물이 된 사람들은 꽤 많았다. 모두 합쳐 만 명이 넘는 여자들이 희생되었고 한 번에 백 명 이상이 처형되기도 했다. 백년전쟁의 히로인인 프랑스의 잔 다르크도 영국군의 포로로 잡힌 후 마녀로 몰려 열아홉 꽃다운 나이에 화형에 처해진 사건은 너무도 유명하다.

아무런 증거도 없고, 증거가 있을 수도 없었지만 그렇기 때문에 오히려 사람들의 공분을 자극했던 마녀사냥은 교회의 영향력이 약화되고 근대 이성이 생겨난 17세기 말 무렵에 이르러서야 사라졌다. 오늘날에는 사법적 절차에 의해 형이 집행되어야 할 대상이 여론과 매체에 의해 미리 재단되는 현상을 가리켜 '현대판 마녀사냥'이라고 부른다. 마녀사냥은 이단 심문이라는 종교적 의미로 출발했지만 그 이후 희생양이라는 주술적인 의미로 바뀌었고 현대에 들어서는 무고(誣告)를 가리키는 비유어로 자리 잡았다.

* 남경태, 『개념어 사전』, 들녘, 2008.

예문3 확대 정의의 글

우리 시대의 영웅

사전에서 정의하는 영웅이란 지혜와 재능이 뛰어나고 용맹하여 보통 사람이 하기 어려운 일을 해내는 사람이다. 오래 전부터 각 민족 혹은 문화권에는 비범한 영웅들이 실제로 존재했고, 평범한 사람들로부터 그들은 길이길이 찬양의 대상이 되었다. 과거 이야기 속의 영웅은 초인적인 능력을 발휘하여 악을 물리치고 공동체를 보호했다. 오늘날의 영화 속 영웅도 비범한 초능력을 갖추고 공동체를 보호하기 위해 외부의 침략이나 재난에 맞서 싸운다. 그러나 이처럼 멋진 영웅들의 세계는 비현실적으로 느껴진다. 평범한 사람들은 도저히 그들을 따라할 수 없다. 그렇다면 우리 주변에, 보다 현실 세계에 가깝게 존재하는 영웅은 어떤 모습일까?

　2004년 이라크의 아부그라이브 교도소에서 미국 병사들이 이라크인 수감자들을 일방적으로 폭행하는 학대 사건이 일어났다. 폭행에 가담한 미군들은 마치 게임 속 캐릭터를 대하듯이 이라크인들을 다뤘다. 그들에게 죄책감을 찾아보기는 어려웠다. 폭행에 가담하지 않은 미군들은 폭행을 말리지 않고 뒤로 물러나 그저 방관하고 있을 뿐이었다. 아무도 외부에 이 일을 알리지 않았다. 그러나 조 다비라는 병사는 달랐다. 그는 끔찍한 광경을 지켜보며 침묵할 수 없었고, 결국 동료들의 폭력 행위에 반기를 들었다. 조 다비는 미군들의 잘못된 행동을 세상에 알렸고, 이는 큰 반향을 일으켰다.

　동료 군인들을 고발하기로 마음먹기까지 조 다비의 선택은 결코 쉽지 않았을 것이다. 동료에 대한 의리를 저버리고 내부고발자가 된다는 사실이 그를 괴롭혔을 것이다. 고발 이후에 자신의 안전이 보장받을 수 있을지도 확신할 수 없었을 것이다. 하지만 그들의 행위는, 그가 군인으로서 믿고 배워 왔던 모든 가치 기준으로는 받아들일 수 없었다. 따라서 그는 자신이 해야 할 일을 선택했다. 결국 모두가 침묵할 때 그는 외롭게 진실을 알렸다. 침묵한 군인들과 조 다비의 차이는 두려움을 이겨낼 수 있는지 아닌지에 있다. 그것이 바로 지혜이자 용기이고, 재능인 것이다. 즉, 영웅은 당장의 생존과 안전의 욕구를 떨쳐내고 자신의 신념을 끝까지 지켜낼 줄 아는 용기를 가진 사람이라고 정의할 수 있다.

（학생 글）

(2) 비교 · 대조

　둘 이상의 대상을 두고 무엇이 같고 무엇이 다른지를 설명하는 방법으로, 차이점을 강조하면 대조, 유사점을 부각시키면 비교라고 한다. 하지만 실제 글쓰기에서 비교와 대조는 엄격하게 구분하지 않고 포괄해서 사용하는 경우가 많다. 비교와 대조는 모호하고 추상적인 대상을 보다 선명하게 파악하는 데 도움을 준다. 비교와 대조의 대상을 선택할 때는 대상들 사이에 서로 맞대응시킬 수 있는 공통점이나 차이점이 있는가를 고려해야 한다. 따라서 비교 · 대조의 근거나 기준이 명확해야 한다. 그리고 그 목적이 대상의 특징을 설명하기 위한 것인지, 아니면 어떤 대상이 다른 대상보다 낫거나 못하다는 것을 독자에게 전달하려는 것인지를 살펴야 한다.

존엄사와 안락사

존엄사와 안락사는 어떤 의미이고 또 어떻게 다른가. 존엄사와 안락사 모두 인간으로서 존엄성을 지키며 세상을 마감하기 위해 만들어진 개념이지만 의미에 차이가 있다.

안락사는 매우 폭넓은 개념이다. 일반적으로 안락사는 심한 고통에 시달리는 불치 또는 말기 환자의 고통을 제거하거나 덜기 위해 인위적인 방법으로 죽음에 이르게 하는 것을 말한다. 안락사는 대개 환자의 생명 단축을 불러오는데 환자의 생명을 끊어 죽음을 앞당김으로써 고통을 해결해 주는 방식을 적극적 안락사라고 한다. 이에 반해 환자의 고통을 연장시키는데 불과한 연명장치를 제거하거나 영양 공급·치료를 중지하는 것을 소극적 안락사라고 한다.

존엄사란 인간으로서 최소한의 품위를 지키면서 죽을 수 있게 하는 행위를 말한다. 환자가 회복이 불가능한 사망의 단계에 처했을 때, 무의미한 연명치료를 중단하고 자연적인 죽음을 받아들이는 방식이라고 볼 수 있다. 환자의 자기결정권(또는 가족의 처분권)을 의사의 생명유지의무보다 더 중시하는 입장에서 나온 것이다.

일부에서는 소극적 안락사를, 스스로에게 죽을 권리가 있다는 것을 전제로 죽음을 요구하는 점에서 존엄사와 구별하기도 한다. 하지만 많은 학자는 무의미한 생명유지조치를 중단하는 차원에서 소극적 안락사를 존엄사와 같은 의미로 해석한다. 앞에서 소개한 사례와 같이 가족들이 무의미한 연명장치를 제거해 달라고 법원에 청구한 김 할머니의 경우도 소극적 안락사 또는 존엄사로 보는 것이 일반적이다.

현재 여러 나라에서 판례나 법으로 엄격한 요건 아래 존엄사와 안락사를 허용하고 있다. 일례로 미 오리건 주에서는 존엄사의 요건으로 잔여 수명 6개월 미만 말기 환자가 약물 처방을 주치의에게 직접 요구하고, 주치의와 전문의는 환자의 남은 수명이 6개월 미만의 말기 환자로 판명될 경우, 그리고 환자 스스로 존엄사하겠다는 의사표시가 있는 경우에 약물을 처방하도록 규정하고 있다.

일본도 판례를 통해 적극적 안락사의 기준으로 ▲환자의 참을 수 없는 고통 ▲죽음 시기의 임박성 ▲본인의 의사표시 ▲고통 제거의 수단이 없음 등의 4가지 조건을 제시했고, 생명 연장 치료를 거부하는 방법으로 자연사를 선택하는 존엄사도 점점 폭넓게 인정하는 추세이다.

* 김용국, 『생활법률 해법사전』, 위즈덤하우스, 2011.

(3) 예시

예시는 추상적인 개념이나 일반적인 내용을 구체적이고 특수한 사례를 들어 쉽게 설명하는 방법이다. '예를 들면, 예컨대, 이를테면'이라는 말로 일상에서도 자주 사용하는데, 설명하고자 하는 대상과 관계있는 사례를 들어 보임으로써 전하려는 의미를 분명하게 이해시키는 표현 방법이다. 실제로 존재하는 사물이나 현상, 어떤 사람이 겪은 일화, 통계, 전문가들의 이야기 등이 모두 예시가 될 수 있다.

> **예문 5** **동음이의어**
>
> 우리말에는 소리는 같지만 뜻이 다른 동음이의어가 많다. 예를 들어 '눈'이라고 하면 어떤 사람은 '하늘에서 내리는 눈'을 생각하고, 또 어떤 사람은 '사람의 얼굴에 있는 눈'을 떠올린다. 마찬가지로 '바람'이라는 말은 '차가운 공기'와 '이루고 싶은 소원'이라는 서로 다른 뜻을 품고 있다. 이러한 동음이의어는 그것이 사용되는 말이나 글의 맥락 속에서 그 의미를 분명하게 구별할 수 있다.

(4) 분류 · 구분

분류나 구분은 종류별로 묶거나 나누어 설명하는 방식이다. 작은 단위로 갈라 나가는 것을 구분이라고 하고, 반대로 공통의 성질에 따라 더 큰 단위로 묶어 나가는 방식을 분류라 한다. 분류나 구분은 복잡한 여러 사물이나 대상의 특성을 명확하게 하는 데 유용한 설명 방식이다. 분류나 구분의 기준은 단일해야 하며, 설명 과정에서 일관성 있게 적용되어야 한다. 무엇보다 분류나 구분된 대상들은 서로 겹쳐져서는 안 되며 배타적이어야 한다.

> **예문 6**
>
> **열대 기후**
>
> 독일의 기후학자 블라디미르 쾨펜은 식물의 분포가 기후조건을 가장 잘 나타낸다는 가정 아래 기온, 강수량, 강수의 계절성을 통해 기후를 분류하는 체계를 만들었다. 기온을 기준으로 크게 한대, 냉대, 온대, 건조, 열대로 구분하지만, 강수량과 계절적 요인을 고려해 매우 복잡한 구분법이 만들어진다.
>
> 열대 기후는 1년 평균 기온이 18℃ 이상을 유지하며 많은 비를 내리는 것이 특색이다. 열대는 강수량과 계절과의 상관성을 기준으로 열대 우림, 열대 몬순, 사바나 기후로 나눈다. 열대 우림 기후는 적도 수렴대(ITCZ)의 영향을 1년 내내 받아 덥고 항상 비가 많다. 1년의 모든 달의 강수량이 60mm 이상이다. 적도 지역에서 많이 나타나는 기후로 아프리

카 중부의 콩고 분지 일대, 인도네시아, 말레이시아, 필리핀 남부 등 동남아시아 남부 지역, 브라질 내륙에서 나타난다. 생태 자원의 보고이며, 생물 다양성이 잘 보존되어 있는 지역이기도 하다.

열대 몬순 기후는 계절풍(몬순)의 영향으로 인해 비가 엄청 오는 우기와 별로 오지 않는 건기로 뚜렷하게 구별된다. 사바나기후에 비해 연간 강수량이 많은 경향을 보인다. 동남아시아와 남미 북부에서 흔하며 세계 최다우지로 꼽히는 아삼 지방이 여기에 속한다. 방글라데시, 미얀마, 프랑스령 기아나, 서아프리카의 기니 수도 코나크리 부근, 시에라리온, 라이베리아 등이 이 기후에 속한다.

사바나 기후는 열대 몬순 기후처럼 건기와 우기가 구분되는 기후지만, 일반적으로 열대 몬순기후보다 더 비가 적게 오는 기후다. 가장 건조한 달의 강수가 60mm 미만이다. 인도 반도의 중남부 상당 부분, 인도차이나 반도의 상당 부분 또한 이 기후에 속한다.

* 나무위키, 「쾨펜의 기후 구분」, 2018.11.12.
https://namu.wiki/w/쾨펜의%20기후%20구분

(5) 분석

분석은 복잡한 대상을 구성 요소와 부분들로 나누어 설명하는 방식이다. 대상의 성분이나 구조, 구성원리, 인과관계 등을 밝혀 독자들의 이해를 돕는다. 어떤 사물이나 개념을 설명할 때 각각의 구성요소들이 어떻게 기능하고 있는가를 따지는 것을 기능적 분석이라 하고, 어떤 현상이 발생했을 때 왜 이런 일이 일어났는지 원인을 밝히는 것을 인과적 분석이라 한다.

예문 7

심장

심장은 보통 자기 주먹보다 약간 크고, 근육으로 이루어진 장기다. 주된 역할은 산소와 영양분을 싣고 있는 혈액을 온몸에 흐르게 하는 것이며, 이를 위해 1분에 60∼80회 정도 심장근육이 수축한다. 펌프 내지는 자동차의 엔진과 같은 역할을 한다고 이해할 수 있다.

심장은 크게 왼쪽 부분과 오른쪽 부분으로 나뉜다. 구체적으로 오른쪽과 왼쪽에는 각각 심방과 심실이 있고(총 4개의 방), 각 부분 사이에는 판막이 있다. 왼쪽 부분은 산소와 영양분을 실은 신선한 혈액을 뿜어내는 역할을 한다. 그리고 오른쪽 부분은 각 장기를 순환하여 심장으로 들어오는 노폐물과 이산화탄소를 실은 혈액을 폐로 순환시켜 다시 산소를 받아들이게 하는 역할을 한다.

* 서울대학교병원 신체기관정보

(6) 설명적 서사

서사적 글쓰기는 사건이나 행동을 시간의 흐름에 따라 기술하는 방법을 말한다. 일이나 사건이 시작되어 진행되는 과정을 서술하여 시간적 흐름에 따른 행동과 상황의 변화를 설명하는 방법이다. 역사 서술에서 특정 시기에 일어난 사건의 처음과 끝을 시간의 흐름대로 설명하기 위해 흔히 사용하는 방법이다. 그 외에도 뉴스에 보도되는 사건 기사도 사건의 발단과 마무리를 일목요연하게 전달하기 위해 서사의 방식을 취하는 경우가 많고, 여행의 경로와 여행지에서의 일화 등을 담은 여행기도 설명적 서사에 속한다.

> **예문 8**
>
> ### 아마존 여행기
>
> 1급 원시림에 들어가던 첫날, 이 날 우리는 16시간 동안 배를 탔다. 원래는 8시간 예정이었다. 아마존 북부에서 출발하기 전 기름을 넣었는데 이런 밀림 지역에 있는 주유소들은 종종 기름에 물을 섞어 판다. 그런데 우리가 만난 주유소가 그중 하나였고, 그 탓에 엔진이 고장 나서 16시간을 노를 저어서 상류로 올라가야 했다. 불행인지 다행인지 고산증과 몸살 기운이 겹친 나는 저 불편한 배에서 16시간을 계속 잠들어 있어서 하루가 1분 같았던 탓에 어떤 상황인지 나중에야 들었다. 다들 매우 불안하고 힘들어했던 것 같은데 나는 편안히(?) 기절상태였던 탓에 불안을 느낄 새도 없었다.
>
> *블로거 소피아, 「아마존 여행기」, 2018.5.21.
> https://brunch.co.kr/@wander/49

(7) 설명적 묘사

일반적으로 묘사는 문학적 글쓰기에 많이 쓰이는데, 어떤 대상이나 현상을 눈으로 보거나 마음으로 느껴 언어로 표현하는 방법이다. 즉 그림 그리듯이 서술해서 독자에게 어떤 구체적인 이미지나 감각을 전달하는 방법이다. 대상을 직접 눈으로 보지 못했거나 어떤 현상을 직접 체험하지 않은 독자들에게 마치 직접 눈으로 보고 감각적으로 접촉한 듯한 실감을 갖게 하는 묘사는 설명의 글쓰기에도 널리 활용된다. 눈에 보이는 대상의 객관적 정보 전달에 초점을 두어 서술하는 객관적 묘사와, 대상을 바라보는 주체의 감정이나 개인적인 경험이 반영된 주관적 묘사로 나눌 수 있다.

예문 9 객관적 묘사

　　내 방은 가로가 4미터쯤 되지만 세로는 그 반밖에 안 되어 길쭉한 모양을 하고 있다. 방문을 열고 들어가면 맞은편에 작은 창문이 있고 그 아래에 원목 책상이 자리 잡고 있다. 책상 위에는 최근에 구입한 일체형 컴퓨터가 매끈한 모양새로 놓여 있어. 곳곳에 흠집이 난 낡은 책상과 묘한 대조를 이룬다. 컴퓨터의 왼쪽 편에는 아무렇게나 놓인 책 몇 권과, 잡동사니를 넣어두는 흰색 플라스틱 사각형 바구니가 있다. 방문 쪽에서 볼 때 왼편 벽면에는 장식장이 있고, 오른 쪽 벽면에는 커다란 세계지도가 걸려 있다. 유리문이 달린 장식장 안에는 내가 만든 조립식 자동차들이 촘촘하게 진열되어 있다. 빨강. 파랑. 노랑 등으로 화려하게 채색한 장난감 차들은 모두 200개 가까이 된다. 나는 애지중지하는 자동차를 위해 과감하게 침대를 포기하고 장식장을 들여놓았다. 폭이 좁은 방의 구조 탓에 침대를 놓을 공간이 여의치 않았기 때문이다.

예문 10 주관적 묘사

무진기행

　　무진에 명산물이 없는 게 아니다. 나는 그것이 무엇인지 알고 있다. 그것은 안개다. 아침에 잠자리에서 일어나서 밖으로 나오면. 밤 사이에 진주해 온 적군들처럼 안개가 무진을 빙 둘러싸고 있는 것이었다. 무진을 둘러싸고 있는 산들도 안개에 의하여 보이지 않는 먼 곳으로 유배당해 버리고 없었다. 안개는 마치 이승에 한이 있어서 매일 밤 찾아오는 여귀(女鬼)가 뿜어내 놓은 입김과 같았다. 해가 떠오르고 바람이 바다 쪽에서 바꾸어 불어오기 전에는 사람들의 힘으로써는 그것을 헤쳐 버릴 수가 없었다. 손으로 잡을 수 없으면서도 그것은 뚜렷이 존재했고 사람들을 둘러쌌고 먼 곳에 있는 것으로부터 사람들을 떼어 놓았다. 안개. 무진의 안개, 무진의 아침에 사람들이 만나는 안개, 사람들로 하여금 해를. 바람을 간절히 부르게 하는 무진의 안개 그것이 무진의 명산물이 아닐 수 있을까!

* 김승옥, 「무진기행」. 민음사. 2007.

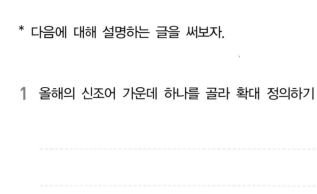
exercises

* 다음에 대해 설명하는 글을 써보자.

1 올해의 신조어 가운데 하나를 골라 확대 정의하기

2 현재 한국의 20대 남녀가 겪는 삶의 고통을 비교 · 대조하기

3 한국사회에서 갈등을 유발하는 가장 심각한 차별을 예시하기

4 최근에 가장 인상 깊었던 사회적 사건을 서사의 방식으로 설명하기

2. 논증하기

논증: 설득을 위한 글

논증이란 어떤 문제나 쟁점에 대해 이유나 근거를 들어 옳고 그름을 판단하여 주장하는 글의 방법이다. 인간은 누구나 일상생활에서 자신의 판단을 다른 사람에게 표현하고, 가능하면 자신의 생각에 다른 사람들이 동의하기를 기대한다. 즉 논증의 목적은 상대방을 내 주장에 따르도록 설득하는 데 있다. 주장하는 글의 대표적 사례로는 신문 사설이나 칼럼(시평 時評) 등이 있고, 특정 단체나 조직의 결의문, 인터넷 커뮤니티에 올라오는 대중들의 토론 글 등도 이에 속한다.

(1) 논거

논거란 주장이 타당함을 뒷받침해주는 논리적 근거를 가리킨다. 논거는 논증에서 반드시 필요한 요소이며, 얼마나 객관적이고 타당한 논거인가에 따라 주장의 설득력도 높아진다. 따라서 논거는 확실하고 구체적이면서도 근거로서의 대표성을 지녀야 한다. 논거에는 사실 논거와 소견 논거가 있다.

1) 사실 논거

사실 논거는 주장을 뒷받침할 수 있는 중립적인 수치, 사실적인 정보, 혹은 직접 관찰한 내용 등의 근거들을 가리킨다. 사실 논거는 주장의 신뢰성을 확보하는 데 결정적인 역할을 하기 때문에 가장 중요한 논거라고 할 수 있다. 따라서 다수 대중들에게 객관적인 신뢰를 주는 사실 논거의 확보가 필수적이다. 과거 역사를 기록한 문헌자료, 검증된 신문기사나 여론조사, 인터넷에서 수집한 자료들, 일상의 실제 경험들이 사실 논거의 예가 될 수 있다.

예문 1 수치화된 통계 자료

너무 빠른 고령화, 사회안전망 확충이 답이다

우리나라 고령화 속도가 빨라도 너무 빠르다. 우리나라는 지난해 65세 이상 인구가 전체의 14%를 넘어 고령사회에 진입한 것으로 나타났다. 통계청이 최근 발표한 '2017년 인구주택 총조사' 결과 지난해 11월 1일 기준 65세 이상 인구는 전년 대비 34만명 증가한 712만명으로, 전체 인구에서 차지하는 비중이 13.6%에서 14.2%로 늘어났다. 65세

이상 인구가 각각 전체의 7%, 14%, 20% 이상이면 고령화사회, 고령사회, 초고령사회로 구분된다.

생활수준 등의 향상으로 고령사회 진입은 예정된 수순이었다. 하지만 속도가 지나치게 빠르다는데 문제의 심각성이 있다. 일본의 경우 고령화사회에서 고령사회로 진입하는데 24년 걸린 반면 우리나라는 이보다 7년이나 빨랐다. 이런 추세가 지속된다면 우리나라는 2026년 초고령사회에 늘어설 것으로 예상된다.

해외에서 유례를 찾을 수 없는 가파른 고령화로 사회가 저야 할 비용과 부담은 커질 수밖에 없다. 빠른 고령화는 가뜩이나 심각한 노인빈곤 문제를 더욱 악화시킬 게 분명하다. 우리나라 노인빈곤율은 49.6%에 달한다. 경제협력개발기구(OECD) 평균(11.4%)의 네 배를 넘는 압도적 1위다. 정부가 내년 예산에 노인 관련 예산을 올해보다 26.1% 증액한 13조 9000여억원을 편성한 것도 노인 문제의 심각성을 인지하고 있다는 방증이다.

일하는 사람보다 부양해야 할 사람이 많은 사회는 역동적일 수 없다. 노인 문제는 결국 일자리와 노후 문제로 귀결된다. 예산 지원에 더해 정년 연장과 일자리 확충 등 더 많은 노인들이 일할 수 있는 여건이 조성돼야 한다. 정부와 함께 민간 부문이 나서지 않으면 문제 해결이 어렵다. 국민연금도 노후 생활에 상당 부분 보탬이 되는 수준으로 개선돼야 한다. 초고령사회도 멀지 않다. 막을 수도, 막아지지도 않는 미래의 현실이다. 보다 촘촘한 사회안전망 구축을 위한 사회적 합의를 서둘러야 할 때다.

* 「사설」, 『국민일보』, 2018.8.29.

주장의 글에서는 논거의 객관성을 확보하기 위해 통계 자료와 같은 사실 논거를 제시하는 것이 좋다. 한국사회의 고령화 문제가 심각하다는 것을 막연하게 말하는 것보다, 〈예문 1〉의 밑줄 친 부분처럼 구체적인 조사 자료를 통해 그 심각성을 보여주는 것이 훨씬 효과적이다. 그리고 수치화된 사실논거를 제시할 때는 반드시 그 자료의 출처를 밝혀야 한다. 즉 조사의 주체, 조사 시기, 조사 방법 등에 대한 정보가 제시되어야지만 자료에 대한 신뢰를 줄 수 있다.

예문 2 역사적 사실1

국민문화의 형성

유럽에서는 왕후 귀족이나 일부 지식층이 즐겼던 음악, 회화, 연극, 문예 등의 예술을 그 나라의 국민문화로서 공유하고, 긍지를 가지게 된 것이 근대라는 시대이다. 작품 그 자체는 이전부터 있었던 것이기 때문에 '발명'이라기보다는 '국민 모두가 공유하는 문화',

'국민문화'의 전통이라는 새로운 의미가 주어졌다고 하는 편이 옳을 것이다. 여기에도 여러 경우가 있다.

예를 들면, 19세기에는 '에다'(아이슬란드 고문서. 북유럽 게르만 민족의 신화. 영웅전설을 집대성한 것. 12세기경 정리됨)와 '사가'(아이슬란드나 노르웨이의 왕과 민중에 관련된 신화. 전설 등의 산문문학. 12~13세기경에 쓰여 대부분 작자미상) 등 아이슬란드에 남아 있던 북게르만 민족과 바이킹 등의 북유럽 신화가 회화나 음악에서 왕성하게 살아나게 되었다.

이것도 내셔널리즘이 불러일으킨 움직임이다. 영국에서는 한때 인기가 시들해지고 있던 셰익스피어 극이 18세기 후기부터 19세기 전기의 독일에서 인간성을 심오하게 그려낸 것으로서 존경받게 되자 영국인이 재인식하게 되었다는 경위가 있다. 이리하여 셰익스피어의 극은 근대적 예술관에 의해 새로운 가치를 부여받아 영국 국민 모두의 것이 되었고, 또 세계 어디서나 즐기게 되었다.

또한 농민들 사이에서 전승되어온 민화나 민요가 국민의 민예로 재인식되면서 수집과 편집이 이루어졌다. 이때 근대적 가치관에 의한 선택이나 스토리의 변경 등이 이루어진 경우가 많았다. 독일의 그림(Grimm)형제 동화 등에서 이러한 경우가 지적된다.

이러한 예는 일일이 들 수 없을 만큼 많다. 그리고 이러한 것들이 그 나라의 문화. 예술의 역사로서 구성되어 교육과 인쇄물을 통해 국민들에게 공유된다. 각기 그 나라의 문학사와 예술사 등은 모두 근대가 되면서 새롭게 편성된 것으로 넓은 의미에서의 '전통의 발명'이라고 해도 좋다. 그것을 촉진시킨 힘이 내셔널리즘이고, 거꾸로 내셔널리즘은 '발명된 전통'에 의해 지탱된다.

* 스즈키 사다미 지음. 정재정 · 김병진 옮김. 『일본의 문화내셔널리즘』. 소화. 2008.

예문 3 역사적 사실2

문순득의 부끄러움

제주도에 온 예멘 난민들의 난민신청 심사 결과 발표가 얼마 남지 않았다. '난민신청을 받아줘라' '받아주지 마라' 논란을 보다가 갑자기 200년 전에 흑산도에서 표류해 먼 나라를 돌다가 3년 만에 귀국한 문순득이 생각났다. 몇 해 전 창작물 지원제도의 심사를 하다가 알게 된 인물인데, 지금도 그를 모르는 사람이 많은 듯하다.

전남 우이도에 살던 문순득(1777~1847)은 인근 태사도에서 홍어를 사서 오다가 1802년 1월 배가 바람에 떠밀려 오키나와(류큐왕국)에 도착했다. 류큐왕국은 중국으로 가는 배에 문순득 일행을 태웠는데 이 배가 또 표류해 필리핀(여송 · 루손)에 닿았다. 당시 스페인 식민지였던 필리핀에서 포르투갈 거류지였던 마카오(오문)로 갔고, 마카오 당국이 청조와 연락해 문순득은 광동성. 베이징. 의주를 거쳐 1805년 1월에 우이도로 돌아왔다.

그런데 문순득이 표류되기 다섯달 전에 제주도에 필리핀인 5명이 표류해 들어왔다. 피부가 검고 언어가 다른 그들이 어디서 왔는지 알지 못한 조선은, 중국인 표류민들을 중국 선양으로 보낼 때 함께 보냈다. 하지만 중국은 '(필리핀인들이) 자기들이 온 수로의 방향을 알테니 배와 식량을 대주고 함께 바다로 나가' 찾을 것을 권하며 조선으로 돌려보냈다. 한참 지난 1809년, 두 명이 죽고 셋이 남은 필리핀인들은 문순득의 도움으로 고향으로 돌아갈 수 있었다.

문순득은 귀국한 뒤, 마침 흑산도에 유배 와 있던 정약전을 만나 자신의 표류 체험을 말했고, 정약전은 이 내용을 〈표해시말〉이라는 책으로 썼다. 그 책 부록에 간략한 조선어 ─필리핀어 사전이 실렸고, 이게 제주관청으로 건너가 필리핀인들의 고국을 알아내는 데 사용됐다. "여송국의 방언으로 문답하니 절절이 딱 들어맞았다. 그리하여 미친 듯이 바보처럼 정신을 못 차리고서 울기도 하고 외치기도 하는 정상이 매우 딱하고 측은하였다. 그들이 표류해 온 지 9년 만에야 비로소 여송국 사람임을 알게 되었다."(〈조선왕조실록〉)

〈표해시말〉과 〈문순득 표류 연구〉(최성환)에 따르면, 당시 낯선 나라들이 조선의 표류민에게 친절했다. 오키나와는 "1인당 매일 쌀 한 되 다섯 홉, 채소 여러 그릇, 하루걸러 돼지고기를 주고… 병이 들면 의원이 와서 진찰하고 약을 줬다." 필리핀은 마카오로 가는 상선을 알선해줬고, 마카오는 문순득이 도착하자 광둥성에 이들을 인수해 가라고 연락함과 아울러 "성대한 대접"을 해줬다. 하지만 문순득이 국외에서 들은 조선의 평판은 달랐다.

문순득은 광둥성에서, 제주도에 표류한 필리핀인과 같은 배를 탔던 베트남(안남) 사람을 만나 필리핀인들이 돌아가지 못하고 있다는 소식과 함께 "고려의 풍속은 좋지 않다"는 말을 듣는다. "내가 나그네로 떠돌기 삼 년, 여러 나라의 은혜를 입어 고국으로 살아 돌아왔는데 이 사람은 아직도 제주에 있으니 안남. 여송인이 우리나라를 어떻게 말하겠는가. 정말 부끄러워서 땀이 솟는다."

200년이 지나 제주도에 예멘 난민들이 들어왔다. 25년 전에 한국은 난민협약에 가입했지만 그동안의 난민 인정률이 유럽의 10분의 1 수준이다. 생색만 내고 있던 난민 정책이 예멘 난민으로 도마에 올랐고, 교황이 예멘 난민에게 기금까지 전달하면서 국제사회의 이목이 쏠린다. 〈표해시말〉은 표류자의 주관적 감정을 배제한 채 매우 건조하게 기술돼 있다. 하지만 정약전은, 문순득이 필리핀인을 생각하며 느낀 부끄러움은 자세히 적었다. 후대에는 이런 부끄러움이 되풀이되지 않기를 바라는 마음에서 그랬을 거다.

* 임범, 「한겨레신문」, 2018.7.31.

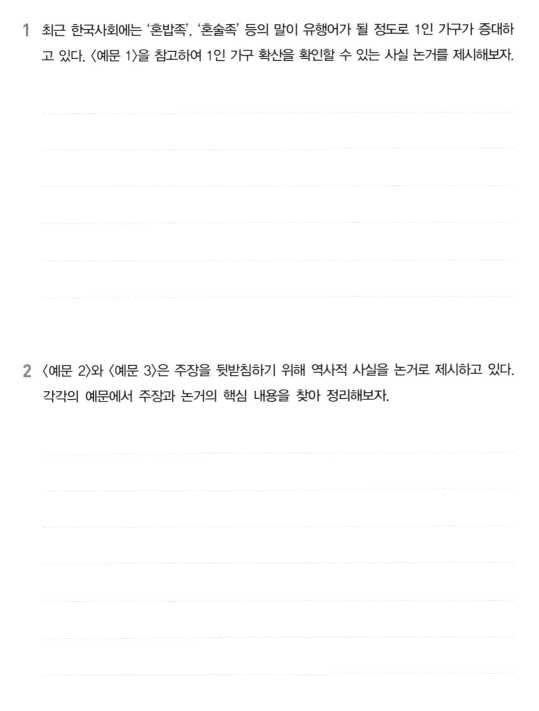

연/습/문/제

exercises

1 최근 한국사회에는 '혼밥족', '혼술족' 등의 말이 유행어가 될 정도로 1인 가구가 증대하고 있다. 〈예문 1〉을 참고하여 1인 가구 확산을 확인할 수 있는 사실 논거를 제시해보자.

2 〈예문 2〉와 〈예문 3〉은 주장을 뒷받침하기 위해 역사적 사실을 논거로 제시하고 있다. 각각의 예문에서 주장과 논거의 핵심 내용을 찾아 정리해보자.

2) 소견 논거

소견논거는 주장의 타당성을 입증하기 위해 인용된 권위를 지닌 전문가의 의견, 쟁점과 관련된 사람들의 증언, 일반적인 여론 등을 말한다. 더 많은 지식과 지혜를 가진 전문가들의 견해를 근거로 삼아 자신의 주장을 뒷받침할 수 있다. 또한 일반 대중의 다수 여론이 자신의 주장과 일치할 때 그것도 주장의 타당성을 높여주는 논거가 된다. 그 외에도 어떤 상황을 직접 경험하거나 목격한 사람들의 인터뷰나 증언도 소견 논거로 활용할 수 있다. 바람직한 논증이 되기 위해서는 반대 측의 주장 및 소견 논거를 무시하거나 배제하는 것이 아니라, 신중하게 청취하면서도 논리적으로 대응해야 한다.

예문 1 **권위 있는 전문가의 의견**

'감정노동'은 이제 생활 용어로 정착되었다. 자신의 감정을 스스로 통제하고 일정한 표정과 말투와 몸짓을 계속 지어냄으로써 고객에게 유쾌한 감정을 선사해야 하는 노동을 가리킨다. 즉 자기의 속마음과 관계없이 일정한 감정을 연출하는 것이 업무의 중요한 일부인 것이다. 대부분의 감정노동자들은 고객의 환심을 사기 위해 밝은 얼굴을 보여주어야 하지만, 정반대의 경우도 있다. 채권추심원은 험한 인상을 지으면서 위협적인 분위기를 조성해야 하고, 장의사는 유족의 아픔에 공감하며 슬퍼하는 표정을 지어야 한다. (중략)

'감정노동'은 사회학자 앨리 러셀 혹실드가 처음 내놓은 개념으로, 이를 다룬 책의 제목 "*The Managed Heart*"에 핵심이 담겨 있다. 우리말로 옮기면 '관리되는 마음'인데, 얼핏 들으면 마음공부 같은 종교적인 수행이 연상된다. 그러나 감정노동은 그 본질이 전혀 다르다. 타인을 위해 마음을 길들이는 것이기 때문이다. 아무리 지쳤어도 티를 내면 안 된다. 피로감이나 짜증을 감추고 친절을 베풀어야 한다. 바로 그러한 괴리가 노동자를 소진시킨다. 혹실드는 이를 가리켜 '감정 부조화'라고 하는데, 감정과 표현을 억지로 분리하는 것을 말한다. 이런 상태를 오래 유지하기는 무척 어렵고, 그로 인해 긴장과 스트레스가 발생한다. 무엇보다 치명적인 것은 노동자가 자신의 감정에서 소외된다는 점이다.[1] (중략)

결국 소비자의 태도가 문제다. 다른 사람의 마음을 헤아리고 배려하는 양식이 요구된다. 예절과 공손함은 상호 존중을 전제로 한다. 서로에 대한 경의가 오가면서 인격은 고양된다. 그렇지 않고 그 흐름이 일방적일 때, 권력과 화폐를 매개로 갑과 을의 비대칭적인 관계가 형성될 때, 미덕은 악덕으로 돌변한다. 서비스는 봉사와 섬김이 아니라 하인의 굴종으로 전락한다.

---

1) 엘리 러셀 혹실드, 『감정노동』, 이가람 옮김, 이매진, 2009, 121–22면.

* 김찬호, 『모멸감』, 문학과지성사, 2014.

위의 글은 사회학자 김찬호가 한국인의 일상을 지배하는 감정의 응어리를 '모멸감'이라는 단어로 함축한 글의 일부분으로, 최근 심각한 사회문제로 등장한 '감정노동'을 다루고 있다. 김찬호는 '감정노동'이 흔히 말하는 '갑을관계' 즉 권력관계에서 강요되는 '과잉된' 감정이라는 점을 밝히고 있다. 글쓴이는 자신의 주장을 뒷받침하기 위해 〈예문 1〉의 밑줄 친 부분에서 보듯이 '감정노동'의 성격을 규명한 미국의 사회학자 혹실드의 견해를 인용해 논거로 활용한다. 혹실드는 『감정노동』이라는 저서를 출간한 이 분야의 전문가로, '감정노동'이라는 개념을 만들어내고 그것의 문제점을 분석한 인물이다. 김찬호는 '감정노동'에 대한 권위 있는 전문가의 논의를 인용해 소견 논거로 제시함으로써, '감정노동'이 노동자의 심리에 미치는 부정적 영향을 밝히고 있다.

예문 2 체험, 목격한 관련자의 증언

위상학적으로 말하자면, 골목은 '집'과 '세계', '우리'와 '남'을 매개하는 중간적 (in-between) 공간이다. 집이 거주의 공간이라면 세계는 이동과 변화의 공간이며, 골목은 거주에서 이동으로 혹은 이동에서 다시 거주로 변화하는 존재론적 변환을 완충시키는 일종의 '공간적 범퍼'의 기능을 했다. 이와 동시에 집이 혈연적 근친관계로 구성된 혈육의 공간이고, 세계가 이와는 반대로 면식이 없는 타자의 공간이라면, 골목은 사귐을 통하여 타자가 혈육으로 동화되는 '이웃'의 공간이다. 이는 광장이 부재한 한국 사회에서 골목이 매우 독특한 '사회적 교류의 장'으로 기능했음을 의미하는 것이며, 바로 이런 의미에서 골목 문화는 한국적 공공성의 물질적 기초를 제공한 골목을 통해 형성되는 공동체적인 문화로 파악된다.

1960~1970년대 서울 성북구 삼선동의 골목길을 이러한 원형적 공공성의 장소로 기억하고 있는 황익주에 의하면, 골목길은 무엇보다도 꼬마 아이들의 놀이공간이었다. "술래잡기, 집잡기, 말타기, 다방구, 나따라하기, 오징어놀이, 자치기, 비석치기, 제기차기, 땅따먹기, 사방치기, 오재미, 고무줄놀이나 말랑한 고무공을 사용하는 변형된 야구인 짬뽕" 등이 주된 놀이였다. 한편 남자 중고생들은 골목길에서 운동을 하거나 장기, 바둑을 두기도 했고, 성인 남성이나 성인 여성도 마찬가지로 골목길을 중요한 교류공간으로 활용했다. 마치 시골의 우물터나 빨래터 혹은 정자나무 아래에서처럼, 이들은 골목길에서 만나고, 이야기하고, 다투고, 화해했다. 회상 속에서 골목길은 도시 속에 옮겨다 놓은 고향과 같은 모습을 하고 있다.

특히 무더위로 인해 좁은 집안에 들어 앉아 있기가 고통스런 여름날 밤 같은 경우에는, 넓은 골목길 여기저기에 나와 돗자리를 펼쳐 놓고 삼삼오오 모여 앉아 음식을

> 곁들여 이야기를 나누거나 통금시각이 되기 전까지라도 시원한 데서 잠을 청하는 어른들, 그리고 골목길 전체를 누비며 뛰어노는 아이들로 골목길은 밤늦은 시각까지 사람들의 발길이 넘쳐나는 공간이 되곤 했다.[1]
>
> 이러한 골목길 공동체 문화는 특히 물리적 조건으로 인해서 서로 긴밀한 부조(扶助)의 관계를 맺을 수밖에 없는 달동네의 경우에 두드러지는데, 최재필은 달동네가 형성되는 과정을 "내가 내 집을 지으려고 간선도로에서 들어가는 골목길과 계단을 만들지만, 내 뒤에 이사 오는 사람들은 이것들을 딛고 올라간 곳에서부터 제 나름의 계단 골목길을 연장시킨다"라고 기술하면서 달동네 '골목길트기' 방식을 '함께 사는 사회'로 확장시킨다.
>
> ───
> 1) 황익주, 「골목길과 광장 및 공원: 도시에서의 '우리 동네' 형성에 관한 인류학적 에세이」, 「건축」, 제49권 제1호, 2005.2, 70~71면.
>
> * 김홍중, 「골목길 풍경과 노스탤지어」, 「경제와 사회」, 2008.3.

위의 예문은 골목길이 최근 문화의 영역에서 의미 있는 풍경으로 미학화되는 과정을 추적한 글이다. 과거에는 흔했던 골목길은 아파트 중심의 주거문화가 확대되면서 현저하게 사라져버렸다. 골목길은 소위 개발주의적 근대화 과정에서 매우 폭력적으로 소멸했는데, 시간이 흐른 뒤에 그 골목길은 상실된 것이라고 여겨지는 모든 정서적 가치를 집결하는 노스탤지어의 공간이 되었다. 위의 글은 골목길이 하나의 문화적 기호로 소비하는 한국 사회 구성원의 정신풍경을 탐색하려는 목적에서, 밑줄 친 인용문을 통해 그러한 골목길에 대한 체험을 지닌 사람의 증언을 소견 논거로 활용한다. 재판에서 사건을 목격한 사람의 증언이 중요한 증거로 채택되는 것처럼 개인의 직접 체험이나 목격담도 논리적 근거로 사용될 수 있다.

3) 논거 찾기에서 고려할 점

논거는 주장에 타당성을 마련해주는 중요한 요소이다. 따라서 논거가 얼마나 신뢰할 만한 것인지에 따라 상대방을 설득할 수 있는 힘이 생긴다. 주장을 뒷받침하는 정당한 논거가 되기 위해서는 다음의 요건을 엄격하게 따져보아야 한다.

- 전문가 혹은 전문가 집단의 자료인가?
- 조사보고서는 관할(담당) 기관의 것인가?
- 자료의 출처가 특정 이익 집단과 직·간접적으로 관계가 있는가?
- 반대 입장의 논거 자료도 조사하였는가?
- 대안의 될 만한 자료도 조사하였는가?

(2) 논증의 구조

자신의 주장을 논증하는 과정은 글쓴이의 의도에 따라 다양하게 구성할 수 있다. 주장하는 글에서 흔히 사용하는 논증의 대표적 구조는 다음의 두 가지로 요약할 수 있다. 하나는 문제가 되는 사회 현상을 다루면서 그 원인을 분석하고 해결방안을 제시하는 방식이다. 다른 하나는 찬성과 반대가 뚜렷한 쟁점을 다루면서 하나의 입장을 선택하여 주장하는 방식이다. 주장과 근거를 어떤 순서로 배치하고 구성할 것인지 구체적인 사례를 통해 확인해보자.

1) 문제제기와 해결방안 모색

현상 제시(문제 제기) – 원인 분석 – 해결방안 제시(주장)

예문 1

'소확행'은 개혁의 씨앗이다

'욕망이 거세된 일본 젊은이들.' 어느 신문 기사 제목이다. 일본생산성본부가 신입사원을 대상으로 실시한 설문조사 결과를 보도한 내용이다. 어떤 내용이길래 '욕망이 거세' 운운하는 걸까? 가장 눈에 띄는 내용은 장차 "사장까지 올라가고 싶다"는 응답이 10.3%에 불과했다는 것. 그리고 "젊어서 고생해야 한다는 데 공감하느냐"는 질문에 "사서 고생할 것까진 없다"는 사람이 34.1%나 됐다는 것이다.

행여 한국 젊은이들이 이런 풍조에 물들까 봐 염려했던지 이틀 후 이 신문의 문화부장은 '그래도 젊어서 고생은 사서 할 만하다'라는 제목의 칼럼을 썼다. 이 칼럼은 '출세 대신 작은 행복'은 전형적인 중년 이후의 라이프스타일인데, 이런 경향이 20~30대에서 나타난 것은 고령화 사회의 특징 중 하나가 '정신의 고령화'임을 말해준다고 했다. 이어 자신을 한계까지 밀어붙이며 능력을 시험해보는 소수의 사람이 결국 사회를 한 발짝씩 전진시키는 법인데, 작은 행복을 누리며 재미있게 사는 사람들은 그런 선구자를 뒤따라갈 뿐이라고 했다.

다 좋은 말씀이긴 한데, 달리 생각해보는 건 어떨까? 지난 반세기 넘게 한국인은 대부분 그런 식으로 열심히 살아오지 않았던가? '출세 대신 작은 행복'이 전형적인 중년 이후의 라이프스타일이라는 건 한국에선 잘 맞지 않는 이야기다. 살인적인 입시전쟁의 주체는 사실상 학생이라기보다는 학부모였다는 사실이 그걸 잘 말해준다.

이른바 '소확행'(작지만 확실한 행복)이 한국 사회에서도 유행하는 것은 문화와는 별 관계가 없다. 고성장 시대의 종언이 결정적인 이유다. 일자리는 부족하고, 취직한다 해도 대부분 비정규직이며, 정규직과 비정규직의 차이는 신분제를 방불케 할 정도로 크며, 이런 상황이 바뀔 가능성은 전혀 보이지 않는다. 그래서 나타난 것이 바로 세계 최고 수준의 자살률과 최저 수준의 출산율이다. 소확행은 이런 '헬조선'을 무대로 해서 "그래도 행복은 포기하지 않겠다"는 몸부림의 표현일 뿐 '정신의 고령화'로 인해 나타난 게 아니다.

우리는 고성장 시대의 종언에 대비하지 못했으며, 그래서 승자가 독식하는 서열사회에 깊숙이 진입했다. 청년들은 기존 서열사회의 붕괴와 공정사회의 시작을 원하지만, 우리는 오도 가도 못하는 교착상태에 빠져 있다. 공정사회의 실현을 가로막는 적이 분명하게 보이면 '적폐청산'으로 돌파해볼 수도 있겠지만, 우리의 일상적 삶을 지배하는 경로가 바로 적폐라면 그걸 무슨 수로 청산할 수 있겠는가.

치열한 노력과 투쟁으로 어떤 서열 그룹에 진입한 사람에게 공정은 자신의 노력과 투쟁에 대한 인정과 보상이다. 이런 공정을 요구하는 사람은 탐욕스러운 기득권자가 아니며, 바로 우리 자신이거나 우리의 선량한 이웃이다. 서열 체제 자체의 불공정을 바꾸려는 '사회적 공정'의 시도는 그간 누적된 그런 '개인적 공정'과의 충돌을 수반하기에 매우 어려운 일이며 시간도 오래 걸린다.

모든 것이 서열화된 피라미드 구조에서 경쟁의 수혜는 상층부의 극소수에게만 돌아가지만, 이 시스템이 공정하다는 것을 만방에 알리기 위해선 들러리를 서주는 사람들의 존재가 필요하다. 이 사람들은 기존 시스템의 원초적 불공정성을 문제삼기보다는 실낱 같은 희망을 부여잡고 사실상 그 시스템을 떠받쳐주는 역할을 해주기 때문에 시스템 개혁은 영영 기대하기 어려워진다.

이게 그간 우리의 삶이었다. 이런 상황에서 소확행은 시스템 개혁의 씨앗을 품고 있다. 극소수의 승리를 위한 들러리 노릇을 더 이상 하지 않거나 하더라도 자기 주도하에 하겠다는 것이니, 기존 시스템이 흔들릴 수밖에 없다. 이는 '욕망의 거세'가 아니다. 욕망 없는 인간은 가능하지도 않다. 욕망의 재정이다. 욕망의 다양성을 부정하고 모욕하면서 속물적인 것으로 획일화시킨 세상에 대한 반란이다.

직장에서 "사장까지 올라가고 싶다"는 욕망은 사주의 온갖 추잡한 갑질에 순응하게 만든다. 그런 욕망을 갖고 있는 사원이 90%라면, 그 기업의 사주는 무엇이든 자기 마음대로 할 수 있는 왕국을 가진 거나 다름없다. 그러나 그런 사원이 10%라면 이야기는 달라진다. 다른 사람들과 더불어 정의롭게 살겠다는 사회적 욕망과 출세를 꿈꾸는 개인적 욕망 사이의 균형이 가능해진다. 이게 소확행이 줄 수 있는 뜻밖의 선물이라면 소확행에 대해 무엇을 두려워하랴.

* 강준만, 『한겨레신문』, 2018.7.1.

예문 2

변화해야 할 것은 '전통'이 아닌 '구조'

스무 살이 되기 이전의 나는 인간관계에서 능동적인 주체로서 선택권을 가져 본 경험이 없었다. 내 의지와는 상관없이 부모님과의 혈연관계가 맺어졌고, 초등학교 입학 이후에는 수많은 선생님과의 사제관계가 형성되었다. 중학교에 들어가서는 '선 · 후배'라는 다소 생소한 관계도 경험했다. 이처럼 다양하게 맺어진 관계들 속에서 나는 누군가보다 높거나 낮은 위치에 있었고, 높은 위치의 사람에게는 다소의 존경과 복종을 표하고, 낮은 위치의 사람에게는 위엄있는 존재로 각인되어야 한다는 것을 희미하게나마 터득해 가고 있었다. 하지만 이와 같은 '체득'이 그저 유쾌하게 다가온 것만은 아니다. 합당한 논리나 이유 없이 강제로 맺게 된 '관계' 하나만으로 폭력적인 상황들에 노출되었던 경험들은 관계에서 수동적일 수밖에 없는 청소년인 나의 신분을 원망하게 하였다. 그렇게 스무 살이 되기만을 바랐지만, 내가 경험한 스무 살의 캠퍼스는 중 · 고교 생활의 연장선상이었다.

대학생활의 시작을 알리던 '새내기 배움터'에서 내가 배운 것이라곤 선배를 대하는 후배의 마땅한 태도였다. 소속감을 강화한다는 뜻에서 학과 구호와 본인의 이름을 고성방가에 가까운 크기로 제창하게 하는 'FM'이후에 남은 것은 선배들의 박장대소와 새내기들의 수치심뿐이었다. 스무 살이 되면 모두 학창시절 경험한 관계의 폭력성을 혐오하고 동등한 관계 맺기를 지향할 줄 알았지만, 그들의 DNA에는 관계의 폭력성이 '자랑스러운 전통'이라는 이름으로 흐르고 있었다.

대학 내 성폭력으로 이야기를 돌리면 상황은 더욱 심각해진다. 대학 내 남자 구성원들의 여학우 '얼굴 평가' 놀이는 어제오늘의 일이 아니다. 술자리에서는 신체적 접촉을 전제로 한 술 게임 문화가 만연해 있고, 이러한 문화에 녹아들지 못하면 사회성이 모자란 자로 낙인찍힌다. 우리 사회에는 아직도 남성 중심적이고 가부장적인 요소가 많이 남아 있다. 이러한 구조 속에 있는 남성에게 여성은 대상화되고 도구화되기 쉽다. 많은 대중가요 속에서 여성은 '내 것'으로 표현되고, 남성의 소유물처럼 되어버린 여성은 언제든 평가될 수 있는 존재로 전락한다. 또한, 일생에 거쳐 부여된 남성성과 여성성의 규범은 우리가 '〜다운' 행동을 하도록 부추긴다. 이러한 규범에서 남성은 능동적인 존재, 여성은 수동적인 존재여야하며 이를 충실히 수행하지 않을 시 '소수자'라는 이름으로 소외된다.

　나는 대학사회에서 만연화된 폭력들이 전혀 새로울 것이 없다고 생각한다. 이는 우리 사회의 구조 속에 깊게 침투된 폭력성이 좀 더 적나라하게 드러난 사건들일 뿐이다. 우리가 바꿔야 할 것은 일부 대학들의 몰상식한 '전통'이 아니라, 그 폭력성들이 체현될 수밖에 없도록 만든 '사회적 구조'이다. 이러한 구조를 바꿔나가기 위해 선행되어야 할 점은 구조의 폭력성에 대한 문제이식을 구성원들과 공유해 나가는 것이다. 이를 위해 신입생들에게 배정된 필수 교양들이 상당 부분 수정되어야 한다. 우리가 당연하게 여겨온 성별 간의 규범이 실은 당연하지 않다는 것을 알려 줄 교양 수업들이 더욱 많이 증설되어야 한다. 다음으로 새내기 행사의 전면적인 개편이 필요하다. 스무 살이 된 신입생들에게 인간관계에서 능동적인 주체로서 서는 법을 알려주어야 한다. 이를 위해 선·후배 사이에서 서로 합의가 되지 않았을 때, 상호 존칭을 사용하자는 캠페인을 펼치는 것도 하나의 방법이다. 또한, 학내 폭력을 다루는 실질적인 자치 기구를 조직화하여, 개개인 간의 관계에서 뿐만이 아닌 학생회로부터 자행되는 각종 폭력도 견제되도록 만들어야 한다.

(학생 글)

1 〈예문 1〉은 '소확행' 현상의 원인분석에 집중하고 있는 글이다. 이 글을 읽고 젊은 세대를 중심으로 '소확행' 현상이 확산되는 원인이 무엇인지 찾아보자.

2 〈예문 2〉는 대학에서 일어나는 폭력문제를 제기한 글이다. 대학 내 폭력문제를 해결하기 위해 이 글에서 제시하는 해결방안을 정리해보자.

2) 찬반 쟁점에 대한 주장

주장 – 반대 의견 제시 및 비판 – 주장 확인

예문 1 낙태죄 폐지 찬성

'낙태'죄 및 모자보건법 상 예외 조항의 의미와 한계

여성들은 언제야 안전하고 합법적인 임신중절을 할 수 있을까? 7년 전, 한 산부인과 의사 단체가 임신중단 수술을 한 병원 세 곳을 검찰에 고발한 후 인공 임신중절은 여성들에게 실현하기 어려운 과제가 됐다. 거의 사문화되다시피 하던 '낙태'죄(형법 269조, 270조)가 갑자기 현실로 나타났다. 몸을 사리는 산부인과 앞에서 여성들은 해외에까지 나가 임신중절을 할 병원을 찾아 헤매야 했다. 시술 비용은 치솟았고, 시술을 제공하는 병원이 안전한 곳인지 정보를 나누기조차 어려워졌으며, 시술한 의사와 본인까지 처벌을 받을 수 있다는 공포에 임신중절은 극도로 위험한 결정이 됐다. 또한 당시 정부는 저출산 위기라는 미명하에 출산율 증가 정책의 하나로 '낙태' 방지 등 태아를 포함한 모든 생명을 존중하는 사회적 여건을 조성하겠다고 밝혔다. 이런 사회적 배경까지 더해져 임신중절은 2009년~2010년 전후로 갑자기 윤리적, 사회적 영역에서 급속도로 문제화됐다.

임신중절의 문제는 쉽게 '태아의 생명권 대 여성의 선택권' 사이의 결정이라고 이해하는 이들이 많다. '낙태'죄를 옹호하는 사람들은 태아의 생명권이 무엇보다 우선이며, 여성의 임신중절 결정은 태아의 생명권을 침해하는 행위라고 주장한다. 그러나 현실의 여성들은 임신의 지속과 중단을 결정하는 과정을 단순히 태아의 생명권 침해와 보호라는 이분법으로 여기지 않는다. 여성들에게 임신은 태아의 건강만이 아닌, 출산 이후 아이를 건강하고 안전하게 낳아 기를 수 있는 사회경제적 여건이 되는지에 대한 고민으로 존재한다. 임신중절이 태아의 생명권을 침해하기에 존속해야 한다면 국가와 법은 그러한 생명을 임신 과정뿐 아니라 그 이후에까지 절대적으로 보호하고 책임질 의무를 져야 한다. 그러나 현재의 법은 그러한 책임을 담보하고 있지 못하다.

현실적으로 우리 사회는 임신중절이 '태아의 생명권 대 여성의 선택권'으로 고민될 여건을 제공한 적조차 없다. 임신과 출산은 자연스럽고 신성한 것으로만 어렴풋이 그려졌을 뿐, 임신을 둘러싼 전후 과정과 양육을 실제로 사회가 어떻게 책임져야 하는지에 관한 논의는 존재하지 않았다. 결과적으로 임신한 여성이 아이를 어떻게 낳고 키울 수 있을지에 대한 고민과 불안은 오롯이 그 여성의 책임이 됐다. 이로 인해 결혼 제도의 바깥에서 임신한 여성의 경우 출산은 선택할 수 있는 고민조차 되지 못했다. 이처럼 생명에 대한 사회적 책임을 뒤로 한 채 인공 임신중절만이 불법이 된 현 상황은 수많은 여성들에게 위험하고 위생적이지 못한 인공 임신중절 수술을 감내하게 했다.

　현행법이 모든 임신중절을 불법으로 규정하고 있는 것은 아니다. 모자보건법 14조는 인공 임신중절이 허용되는 예외 조항을 두고 있는데 이에 따르면 여성의 임신중절은 1) 우생학적 또는 유전학적 정신장애나 신체질환이 있는 경우 2) 본인이나 배우자가 전염성 질환이 있는 경우 3) 강간 또는 준강간에 의하여 임신된 경우 4) 법률상 혼인할 수 없는 혈족 또는 인척간에 임신한 경우 5) 임신의 지속이 보건의학적 이유로 모체의 건강을 심각하게 해치고 있거나 해칠 우려가 있는 경우 합법적으로 이뤄질 수 있다. 그러나 이 조항들은 근본적으로 '낙태'죄 유지 합헌결정의 근거가 되는 태아의 생명권 인정과 배치되기에 모순적일 뿐 아니라, 임신중단의 기준을 국가가 자의적으로 선별하여 허용하고 있다는 점에서 문제다. 또한 현실적으로 강간 또는 준강간 피해로 인한 임신중절은 그 피해 입증이 어려울 뿐 아니라, 여성이 성폭력이라고 받아들이는 경험의 범위가 법이 정한 강간 또는 준강간죄에서 성폭력으로 규정하는 행위의 범위에 비해 넓다는 점에서도 한계가 있다.

　무엇보다 모자보건법 예외조항은 너무나 협소하여 현실의 여성들은 여전히 임신중절을 고민할 때 처벌을 두려워해야 한다는 점에서 문제적이다. 한국 사회는 과거 경제성장 단계에서 국가 주도로 강력한 출산율 감소 정책을 추진한 바 있다. 당시에도 '낙태'죄와 임신중절을 비난하는 여론이 존재했다. 그럼에도 불구하고 경제성장이 더 중요한 과제라는 인식하에 정부는 임신중절을 암암리에 허용했다. 또 인구조절 정책을 합법적으로 수행하기 위해 '낙태'죄의 예외조항을 두는 모자보건법을 제정했다.

　이처럼 과거를 뒤돌아보면 국가는 '낙태'죄 적용 여부를 시대적 필요에 의해 판단해 왔다. 태아의 생명권은 물론이거니와 여성의 몸과 안전에 대한 가치가 시대적 조건에 의해 자의적으로 유지돼 온 것이다. 국가 스스로 인구조절이라는 사회적 목적을 근거로 임신중절을 허용했음에도 오늘날 개인의 임신중절은 불법으로 감시되고 있는 현실은 모순적이다. '낙태'죄의 유지는 여성의 사회적 권리를 지속적으로 침해하고 결과적으로 여성의 몸과 안전을 심각하게 위협하고 있다. 우리는 더 이상 이러한 현실을 보고만 있어서는 안 된다. 임신중단은 누구에게나 안전하고 합법적으로 제공돼야 한다.

* 최영지, 『여성신문』, 2018.3.5.

예문 2　낙태죄 폐지 반대1

영화 '가타카'와 신골품제도의 세상

　앤드류 니콜 감독의 '가타카'(Gattaca, 1997)는 유전자 조작에 의해 운명을 결정하는 디스토피아의 세상을 그린 걸작 SF영화. 빈센트 프리만(에단 호크)은 우주비행사의 꿈을 키우는 소년이다. 하지만 유전자 조작을 통해 태어나지 않은 빈센트는 열성 유전자

보유로 인해 우주 비행을 할 수 없는 신분이다. 고기 냄새라도 맡으려면 푸줏간으로 가라고. 빈센트는 우주항공회사인 카타카의 청소부로 입사를 한다. 그러나 우주 비행의 꿈을 버리지 못하던 빈센트는 신분을 세탁해주는 브로커를 통해 우성 유전자를 가진 유진 머로루(주드 로)라는 사람의 신분을 사게 된다.

영화에서 빈센트가 사는 시대는 유전자 조작을 통해 선천적으로 질환과 장애를 완벽히 제거된 우성인자를 가지고 태어난 인간들과 자연출생으로 갖가지 열성인지를 가진 인간들이 함께 사는 세상이다. 세상의 지도층은 당연히 유전자 조작을 통해 태어난 우성 인간들이 차지하고 있다. 빈센트와 같이 열성인자를 가진 인간들은 허드렛일이나 하다가 사망하는 것이 운명이다. 세상은 과연 우성인간들만의 것일까? 신의 뜻은 어디에 있는가?

현행 모자보건법은 부모에게 유전이나 전염성 질환이 있는 경우 등에 한해 예외적으로 형법에서 금지하고 있는 낙태를 허용하고 있다. 그러나 낙태죄 폐지 청원은 이 밖에 원치 않는 출산과 경제적 어려움 등으로 인해 양육 형편이 되지 않을 때에도 낙태를 할 수 있도록 낙태죄를 폐지해야 한다는 것이다.

현행법에서 원칙적으로 금지하고 있음에도 낙태는 우리나라에서 일일 3천 건 이상이 발생하는 것으로 알려지며 대부분은 법에서 허용하고 있는 예외 사유에 해당하지 않는 불법 낙태일 것으로 추정된다.

만약 낙태죄가 폐지되면 어떤 일이 일어날까? 경제적 이유, 부모의 이혼, 원치 않는 임신 등 태아의 문제가 아닌 경우는 물론이거니와 태아에게 선천적 질환이나 기형이 있는 경우 아무런 법적 제한 없이 낙태가 자행될 것이다. 나치 독일의 과거를 반성하고 동방정책(동서화해정책) 추진으로 독일통일의 초석을 놓아 지금도 많은 독일인의 사랑과 존경을 받고 있는, 노벨평화상 수상자이기도 한 고(故) 빌리 브란트(1913~1992) 전 서독 총리는 사생아 출신의 어머니에게서 태어난, 그 또한 아버지를 모르는 사생아였다. 스티브 잡스가 미혼모에게서 태어나 입양되었음은 잘 알려진 사실이다.

신은 날 때부터 잘난 사람만을 위해 세상을 창조하지 않았다. 질환이나 장애를 가지고 있지 않은 온전한 사람들이나 경제적 형편이 되는 가정만이 출산에서 자유로운 세상이라면 머지않아 '카타카'에서 그린 디스토피아가 펼쳐질 것이다.

낙태죄를 폐지하자는 사유가 경제적인 것이거나, 적용 대상의 불균형(현행 형법은 부녀에 대해 낙태죄를 허용하고 있다. 낙태의 경우 교사한 남성을 처벌할 수 있는지는 검토할 과제다) 등에 있다면 이는 사회적 장치 마련이나 제도 변경으로 보완해 나갈 문제지 죄없는 태아를 살해함으로써 간단히 처리할 문제가 아니다.

* 블로거 블루 하이웨이, 2017.11.30
https://blue_highway.blog.me/221152173515

무조건 폐지 대신 제도 인식 개선 선행을

지난 1954년 제정된 형법 제269조 및 270조에서는 '낙태의 죄'를 규정하고 있다. 이는 국가의 생명보호 의무와 같은 맥락인 것으로 여겨진다. 그러나 한편으로는 낙태가 시행됐을 때 형법에 따라 처벌의 대상자가 의료인이나 엄마가 되기 때문에 수많은 여성은 이에 대해 불편해하며 지난해부터 '낙태죄 폐지'라는 해결책을 제안하고 있다. 즉 여성들이 임신과 출산, 그리고 그 이후의 삶에 대해 직접적인 영향을 받는 당사자이기 때문에 원치 않는 임신이나 경제적 이유 등으로도 낙태를 법에 저촉되지 않고 선택할 수 있어야 한다고 주장하는 것이다.

그러나 낙태를 할 수밖에 없는 수많은 상황에 대해 사회 전반적인 제도나 인식 개선에 대한 노력이 선행되지 않고 그냥 정치적 시류를 타고 낙태죄의 폐지를 주장하거나, 그것이 여성 자기결정권의 확장이라고 주장하는 것에는 많은 아쉬움이 앞서 몇 가지 반대 의견을 제시하고자 한다. 일단 낙태죄를 폐지하자고 주장하기에 앞서 우리 모두의 인식 개선이나 정부의 노력으로 달라질 수 있는 부분들을 함께 생각해볼 것을 제안한다.

첫째, 낙태죄 폐지를 주장하는 사람들은 현재 낙태법이 여성들을 모두 불법자로 만드는 게 아니라는 것을 인지해야 한다는 점이다. 왜냐하면 모자보건법 제14조 의해 형법 제269조의 구성요건에 대한 예외적 허용조건이 제시돼, 예를 들어 강간이나 산모의 건강을 위협하는 등의 위기사항에 대해서는 낙태가 허용되기 때문이다.

둘째, 낙태죄 폐지 주장에 앞서 남성의 역할과 책임을 강화시키는 데 힘써야 한다는 점이다. 즉 태아와 여성에게만 책임을 전가하지 말고 남성의 책임을 명확히 제도화하고 정책에 반영해 임신이라는 인생 여정의 매우 중요한 사건을 여성이 혼자 떠맡아야 하는 부담스러운 일이 되지 않도록 해야 할 것이다. 오히려 낙태죄가 폐지됐을 때 남성의 책임은 더욱 묻기 어려워지며 이러한 상황이 오히려 '여성과 남성'의 권력관계에서 여성을 더 자유롭지 못하게 할 것으로 예상된다.

셋째, 점차 다양해지는 가족형태 내에서의 출산과 육아에 대한 사회적 시선의 용납과 지원이 적극적으로 필요하다는 점이다. 많은 경우 출산과 육아가 정상적인 기혼부부라는 울타리에서 이뤄지는데 이외에도 비혼 가정에서 이뤄지는 경우가 증가함에 따라 그러한 상황들에 대해 사회가 더 유연하게 수용할 준비가 돼야 할 것이다. 미혼모로 아이를 양육한다는 것이 인생의 낙오자처럼 인식되지 않는 주변의 시선이 절대적으로 필요하다.

문재인 대통령이 지난달 31일 비공개로 진행된 국가재정전략회의에서 "나라가 그 아이들을 다 키워줄 준비가 돼 있다면 낙태를 왜 하겠느냐"고 반문했다고 보도된 바 있다. 이는 비단 문 대통령의 '저출산 문제 극복 방안'에만 해당하는 것이 아니라 낙태는 여성 개인의 책임이 아니라 국가가 같이 부담해야 할 책임이라는 점을 명확하게 인지하고 있다는 것을 시사한다. 상식과 원칙이 통하는 나라, 서로가 조금씩 양보하며 서로 돕는 나라를 만들어나가기 위해서는 이미 2012년 헌법재판소에서 위헌이 아니라고 결정한 낙태죄를 다시 폐지하자고 외치기 전에 사회적·경제적으로 시도해볼 만한 다양한 정책들을 먼저 적용해보는 것이 우선이지 않을까 생각된다.

　미국에서 해마다 진행돼온 '생명대행진(March of Life)'의 2018년 구호는 '사랑이 생명을 구한다(Love Saves Lives)'였다. 어렵고 고민되는 상황에서 '생명'을 선택하는 것이 쉽지만은 않지만 희생적인 결정이 담긴 사랑만이 생명을 살리는 것은 분명하다. 지금 이런 찬반 논란을 할 수 있는 것도, 의견을 제시하는 자리에서 글을 쓰고 또 읽을 수 있는 것도, 모두 우리가 낙태당하지 않고, 수정아로부터 뱃속에서 제거되지 않고 성장할 수 있었기 때문이 아닐까.

* 박유경, 『서울경제』, 2018.6.7.

연/습/문/제 *exercises*

1 〈예문 1〉은 기존의 낙태죄를 폐지하자는 주장을 펼치고 있다. 낙태죄 폐지를 주장하는 근거를 찾아 제시해보자.

2 〈예문 2〉와 〈예문 3〉은 낙태죄 폐지를 반대하는 글이지만, 글쓴이들이 강조하려는 핵심은 서로 다르다. 두 글의 차이점을 설명해보자.

3 다음의 쟁점에 대해 찬성과 반대의 입장을 정하고, 상대편의 주장을 비판하면서 자신의 주장을 뒷받침할 수 있는 논거를 찾아보자.

(1) 원자력 발전소 건립

(2) 사이버 모욕죄

(3) 난민 수용

글쓰기의 과정

한 편의 글을 쓰는 과정에서 '주제문 작성 - 자료 검색과 활용 - 개요 작성 - 초고 쓰기 - 고쳐 쓰기'의 방식을 배우고 적용해보자. 올바른 인용 방법과 주석 작성법을 익히고, 표절의 문제와 글쓰기의 윤리에 대해서도 생각해보자.

1장. 글쓰기의 5단계

1. 주제문 작성

　주제란 글에서 필자가 말하고 싶은 중심 생각이다. 주제, 혹은 중심 생각이란 '글감(글의 제재)'(A)과 이에 대한 '가치판단'(B), 이 두 요소로 이뤄진다. 글감을 A, 가치판단을 B라는 기호로 약칭해보기로 하자. A와 B란 두 요소를 정하고, 이것을 결합하면 주제, 또는 중심 생각이 된다. 아래 내용을 보며 중심 생각을 잡아가는 과정을 생각해 보자.

　첫째, 글을 쓰려는 사람은 먼저 '무엇'(글감, 제재)에 대해 쓸지를 찾아보아야 한다. '글감'은 가능하면 화제가 되거나 자신이 관심을 가진 주제를 선택하는 것이 좋다. 자신이 관심이 있거나 꼭 써야 할 주제가 아니면 흥미도 없어지고 잘 쓰기 어렵다. 다음 글감을 살펴보라.

　가령, '4차 산업', '빅 데이터', '통일', '동물보호법', '저출산', '청소년 범죄', '자살'과 같은 글감은 사회적 이슈가 되기 쉬운 화제이다. 이러한 글감은 어려운 주제일 수도 있지만, 관심 있는 분야라면 자료를 찾아보며 준비할 수도 있다. 이에 비해 '반려동물', '내 청춘의 꿈', '욕망대로 살기', '나의 자존감', '불공정한 경쟁', '좌절'과 같은 글감은 개인적 관심사에 속하기 쉬운 화제이다. 자신이 관심을 가진 글감이라면 좀 더 자신 있게 글을 쓸 수 있지 않을까. '태권도', '한류', '연극인에 대한 정부지원' 등은 특정한 전공자들이 관심을 표현할 수 있는 글감이다. 어떤 글감을 정할지 생각해보자.

　둘째, 주제는 구체적일수록 좋으므로 화제/글감이 정해지면 구체적인 사안을 떠올리며 범위를 한정하는 것이 좋다. 가령, 글감을 '남북통일', '평화통일'으로 골랐다면, 이 글감

중에서 좀 더 구체적인 범위나 문제를 고르는 게 좋다. 가령, '개성공단사업 재개'이나 '남북한철도 연결', '비무장지대 지뢰 제거' 등은 '평화통일'이란 이슈보다 훨씬 구체화된 것이다.

셋째, 글감을 정했으면, 이에 대한 글쓴이의 가치판단이나 주장을 정해본다. '동물보호법'을 글감으로 정했다면, 자신은 이에 대해 찬성하는지, 반대하는지 방향을 정하고, 구체적으로 어떤 부분을 강조할 것인지 생각해본다. '개성공단사업 재개'를 글감으로 정했다면, 이에 대한 찬반 의견을 정하는 것으로도 글쓴이의 가치판단이나 주장을 내세울 수 있다.

다음으로 주제문의 용어와 형식에 대해 알아보자.

가주제: 큰 글감, 글쓰기의 대상이나 범위를 크게 잡은 것
(예) '남북통일', '동물보호법'

참주제: 가주제의 범위를 좁혀 구체화한 글감
(예) '개성공단사업 재개', '반려동물 학대에 대한 처벌'

주제문: 참주제에 대해 가치판단(주장)을 더해 문장으로 만든 것
글쓰기의 글감을 'A'로 하고 이에 대한 글쓴이의 가치판단(주장)을 'B'라 한다면, 주제문은 "A는 B이다.", "A는 B해야 한다."와 같은 형식의 문장으로 쓴다.
(예) '개성공단사업은 남북한 사이에 신뢰를 쌓고 서로 경제에 도움을 주므로 재개되어야 한다.' '반려동물을 학대한 사람에게는 징역형도 허용해야 한다.'

주제문은 처음에는 간단하게 가주제를 문장으로 풀어쓰는 정도로만 정해 놓고, 자료를 찾아 읽고 생각을 정리하면서 좀 더 구체화하는 것이 좋다. 자신이 관심 있는 글감에 대해 자신의 문제의식이나 주장하는 내용을 구체화하여 주제문으로 만들어보자.

2. 자료 검색과 활용

주제가 정해졌다면 이를 뒷받침해 줄 수 있는 자료를 수집하고 정리해 글쓴이의 관점에서 분석하고 활용해야 한다. 신뢰할 만한 자료, 참신한 아이디어를 주는 자료, 확실한 근거가 되는 자료는 보고서의 완성도와 신뢰도를 높이는 중요한 요소가 되므로 자료수집에 각별히 신경을 써야 한다. 다음의 방법을 고려해보자.

첫째, 내가 쓸 글에 필요한 자료가 무엇인지 생각해보자. 내 책꽂이에 있는 책들을 넘겨보며 생각하는 것도 좋은 방법이다.

둘째, 인터넷 포털 사이트에서 신문기사나 백과사전을 검색해보자. 최근 이슈가 된 사건들을 본다.

셋째, 도서관에 필요한 책이 있는지 찾아보자. 큰 범위에서 집필된 개설서는 주제에 관한 전체적인 내용을 살피는 데 도움이 된다.

넷째, 학술 사이트에서 논점에 관련된 연구논문을 찾아 읽어보자. 논문은 가장 구체적인 문제에 대해 분석하거나 전문적인 견해를 보여주는 자료이다. 이런 자료를 찾아 보고서에 활용하면 신뢰도가 높아지고, 담당교수나 다른 독자들의 관심을 끌 수 있다.

다섯째, 내가 찾은 텍스트를 읽으며 내용을 요약한다.

여섯째, 텍스트를 정독하며 자신의 이야기에 도움이 될 만한 부분을 표시하거나 정리해두자.

▌자료 검색할 때 유의할 점

① 학술 자료는 학술 서적과 학술 잡지를 중심으로 검색한다.
② 웹 자료를 검색할 때에는 먼저 정보의 질을 평가하여 선택 여부를 결정한다.
③ 웹 자료 가운데 저자, 출처 불명의 글을 사용해서는 안 된다.
④ 가능한 한 최근 발행된 자료, 그리고 공신력 있는 자료를 우선적으로 활용한다.

포털 사이트를 이용한 자료 검색

포털 사이트에는 수많은 신문기사, 블로그, 동영상, 개인 홈페이지 자료들이 떠 있다. 이러한 자료들은 전체적 흐름을 살피고 최신 기사를 검색하는 데는 도움이 되지만, 막상 보고서에 인용하거나 참고문헌으로 쓰기에는 곤란한 자료들이 매우 많다. 특히, 개인 블로그에 있는 에세이는 꽤 전문적이고 참신한 기사들도 있는데, 저자나 출처를 확인할 수 없는 경우가 대부분이라 사용할 수 없다. 글을 쓸 때 저자나 출처를 확인할 수 없는 글을 사용하면 표절시비에 휘말릴 수 있으니 주의해야 한다.

도서관에서 자료 찾기

각 대학의 도서관에는 다양한 온라인과 오프라인 자료들이 소장되어 있다. 보고서를 작성할 경우, 먼저 도서관에 소장되어 있는 사전, 백과사전, 전문 학술사전을 이용하여 용어의 정확한 정의, 범주, 대략적 내용을 파악한다. 그리고 주제어에 연관된 관련 서적을 최소한 5-6권 이상 참조하여 좀 더 자세한 정보를 찾아 활용한다.

또한 온라인 상의 다양한 디지털 백과사전, 국내외 학술 데이터베이스를 검색한다면 정보의 바다에서 유용한 자료들을 손쉽게 활용할 수 있다.

학술검색 사이트 검색으로 자료 찾기

자료를 어떻게 검색하며, 어떤 자료를 찾아 활용하는가가 자신이 쓰고 있는 글의 수준을 좌우한다. 인터넷 자료들은 찾기도 쉽고 편하게 이용할 수 있지만, 그러한 자료들은 저자나 출처가 명확하지 못한 글이 대부분이다. 이런 글들은 설사 좋은 내용이라고 하더라도 글을 쓴 다음에 제대로 인용할 수가 없다.

우리는 책이나 논문, 신문 등의 게재된 자료들을 읽고 활용하는 것이 좋다. 이때 학술검색 사이트를 이용해보자. 훨씬 더 다양하고 전문적인 자료들을 활용할 수 있게 된다.

한글로 이용할 수 있는 유용한 학술정보 사이트는 다음과 같다.

① 한국학술정보: www.kiss.kstudy.com (키스)
② 누리미디어 전자저널 서비스: www.dbpia.co.kr (디비피아)
③ 학술연구정보서비스: www.riss.kr (리스)
④ 국가전자도서관: www.dlibrary.go.kr (디라이브러리)

위의 학술정보 사이트는 대학도서관이나 학교 내 인터넷망을 이용하면 대부분 무료로 디지털 자료를 다운로드할 수 있다. 이상의 사이트를 이용하면, 한 주제에 대하여 논문, 서적, 신문·잡지 기사 등의 다양한 자료를 검색하고 원문을 읽어볼 수 있다. 이외에도 온라인 상에서 이용할 수 있는 백과사전, 전문사전 자료도 좋다. 요즘은 위키 백과 자료도 손쉽게 이용할 만한 자료이다.

학술검색 사이트의 이용

위 학술검색 사이트는 대학도서관 컴퓨터나 학교 내 인터넷망을 이용하면 원문 다운로드가 대부분 무료이지만, 학교를 벗어나서 이용하면 건당 4~5천원의 비용을 지불해야 한다. 집이나 학교 밖에서 사용하려면, '교외검색'을 이용해야 한다. 도서관 사이트에 들어가서 로그인을 하고 위 학술데이터베이스를 이용하면 된다. 자신이 찾은 자료를 '저자, 책(논문) 제목, 출판사(학회지), 출판년도, 페이지' 순으로 정리해보라. 이렇게 하면 참고문헌 목록을 작성할 때 편리하다.

1 다음 화제에 대해 주제문을 작성해 보자. ("A는 B이다", "A는 B해야 한다."의 형식으로)

   (1) 대학생활

     주제문:

   (2) 동물보호법

     주제문:

   (3) 저출산

     주제문:

   (4) 소년법

     주제문:

   쓴 내용들을 옆 친구들과 이야기해보자.

2 위 주제문 중에 한 가지를 골라 글쓰기에 필요한 자료를 찾아 제목을 쓰고, 내용을 서너 줄로 요약해보자.

(1) 자료 1

내용:

(2) 자료 2

내용:

(3) 자료 3

내용:

(4) 자료 4

　　　내용:

_____

_____

_____

_____

_____

3 **"나의 대학공부 설계"라는 제목으로 글을 쓰기 위해 다음의 항목들에 대해 조사해 채워 보자.**

(1) 전공학문, 무엇을 배우나?
- 각자의 전공학과의 홈페이지나 커리큘럼을 검색해보기
- 학과 선배, 교수님들께 여쭤보기
- 졸업 후 진로에 대해 조사하기

(2) 전공학문, 어떻게 공부할 것인가?
- 각 학과의 전공공부 커리큘럼을 조사한 뒤에, 어떻게 공부방향을 잡는 것이 좋은 지 조사하기
- 선배들과 교수님들의 조언 들어보기
- 4년 동안의 자기 공부계획을 세워보기

(3) 내가 배우고 싶은 것은 무엇인가?
- 자신이 배우고 싶은 것이 무엇인지 정리해보기
- 자신의 취업, 진로에 대해 써보기
- 자신의 대학생활에 대해 성찰해보기

3. 개요 작성

(1) 제목 달기

글을 쓸 때 전체적인 전개를 예상하며 틀을 짜면 글쓰기가 쉬워진다. 그 중 먼저 할 수 있는 일은 제목을 써보는 것이다. 제목은 '상점의 간판'과 같은 것이다. 글의 내용에 대해 자신의 느낌을 담아 감각적으로 제목을 만들어보자. 제목은 그때그때 고쳐 써도 좋으니 느낌이 가는 대로 써보는 것이 좋다.

(2) 목차 만들기

목차란 차례라고도 한다. 글을 쓰기 전에 이 글을 어떤 순서나 형식에 따라 글을 쓸 것인지 예상해보며 '서론-본론-결론'의 소항목 형태로 적어 넣는 방식이다. 제목이나 주제문을 살펴보면 대강의 목차가 나올 때가 많으니 자신이 만든 주제문이나 제목을 보고 대강의 목차를 만들어보자.

'저출산 현상'에 대한 글을 쓴다고 생각하고 목차를 예시하면 다음과 같다.

* 목차 (예시)

1. 서론
2. 양성평등의 중요성
3. 국가적 차원의 해결방안
    (1) 광범위한 육아휴직제도
    (2) 공적 보육시스템의 보급
4. 개인적 차원의 해결방안
    (1) 양성평등에 대한 개개인의 진지한 자세
    (2) 남성의 육아와 가사활동 분담 필요성
5. 결론

(3) 개요 작성하기

글을 효과적으로 쓰려면 글의 전체적인 순서를 구상하거나 자료를 어떻게 활용할지 메모하는 것이 필요하다. 이 구상과 메모를 알기 쉽게 정리한 것이 개요이다. 개요, 또는 개요문이라 하는 것은 글을 쓰기 위한 '설계도'이다. 목공소에서 합판을 사서 자신이 쓸 책장을 만든다고 할 때 간단한 설계도 없이 만들 수는 없다. 글쓰기도 마찬가지여서 글의 '설계도'인 개요문을 작성해 한다. 개요문을 작성하는 이유는 ①글 전체의 흐름을 정리하고 균형을 잡을 수 있으며, ②중요한 내용이 빠지는 일 없이 배치할 수 있고, ③집필과정에서 일어나기 쉬운 내용의 중복을 막을 수 있기 때문이다.

* 개요문 작성 방식

첫째, 제목을 만들어 쓴다. 내용을 문장으로 다 풀어쓰는 방식보다는 단어나 구(句)를 사용해 간략하고 인상적으로 지어보자.

둘째, 자신이 미리 만들어 놓은 주제문을 써 넣는다. 주제문은 글감과 자신의 명확한 시각, 주장을 담아 문장으로 완성한다.

셋째, 대강의 목차를 짜 넣는다.

넷째, 자신이 찾은 자료들을 검토하며 내용을 구상하며 목차 밑으로 구체적인 내용을 한두 줄씩 써넣는다.

다섯째, 대항목, 중항목, 소항목 등의 상위 개념과 하위 개념의 순서를 명확히 하며 숫자나 부호를 사용해 분류한다.

여섯째, 개요문은 배열방식이나 표현 형식에 따라 화제식 개요와 문장식 개요로 나뉜다. 화제식 개요는 목차에 핵심어나 대략적인 내용을 메모 형식으로 적어 넣는 방식이다. 문장식 개요는 목차나 화제식 개요문의 주요한 내용들을 소주제문 형식으로 한두 줄씩 적어 넣는 방식이다. 화제식 개요는 글의 구성을 쉽게 파악할 수 있지만, 구체적인 내용을 알기 어렵다. 문장식 개요는 글의 내용을 구체적으로 알 수 있지만, 그렇게 하려면 자료도 검토해야 하고 생각을 여러 번 정리해 써야 한다. 일반적으로 초고(草稿)를 쓸 때는 문장식 개요를 작성하는 것이 효율적이다.

* 화제식 개요 (예시)

제목: 여성권리의 향상이 저출산 해결의 지름길
주제문: 저출산 문제는 사회적 지원과 함께 가정 내 양성평등을 통해 해결할 수 있다.

글의 구성

1. 서론
한국의 출산율 1.02명. 저출산 문제, 정부의 현 지원책으로는 실패

2. 「복지 확대 없이 출산율 높인다고?」라는 칼럼 내용 예시.
  ⇒ 여성 삶의 질을 높여 양성평등 이루는 방향 모색해야

3. 국가적 차원의 해결방안
광범위한 육아휴직제도, 보육시스템의 보급 ⇒ 기혼여성들의 육아와 직장활동 병행 가능

4. 개인적 차원의 해결방안
양성평등에 대한 개개인의 진지한 자세 중요.
여성노동과 출산, 양육은 서로 연관되는 문제임.
남편이 육아와 가사활동 적극적으로 분담해야 출산율 높아짐.

4. 결론
경제적 지원뿐 아니라, 공평한 가사 및 육아분담이 있어야 저출산 문제 해결 가능.

* 참고문헌

화제식 개요문은 목차를 만든 뒤, 그 밑으로 자신의 생각을 간단히 메모해 넣는 방식으로 작성한다.

문장식 개요문은 목차 밑으로, 자신이 찾은 자료에서 좀 더 구체적인 내용을 찾아 적어 넣는 방식으로 작성한다. 문장식 개요문은 한 번에 완성하기 힘드므로, 여러 번에 걸쳐 보완해 작성한다. 시간을 두고 생각하며 틈틈이 채워가는 방법이 일반적이다. 목차나 화제식 개요문을 놓고, 자료의 내용이나 생각한 내용을 메모하듯이 적다보면 문장식 개요문

이 채워진다.

＊문장식 개요 (예시)

제목: 여성권리의 향상이 저출산 해결의 지름길
주제문: 저출산 문제는 사회적 지원과 함께 가정 내 양성평등을 통해 해결할 수 있다.

글의 구성

1. 서론
한국의 출산율 1.02명. 정부가 각종 지원책을 내놓고 있지만 출산율은 오르지 않고 있다. 무엇이 문제인가?

2. 「복지 확대 없이 출산율 높인다고?」라는 칼럼 내용을 인용 소개한다.
여성 삶의 질을 높여 양성평등이 이뤄질 때 저출산도 높아진다는 방향에 동의한다.

3. 국가적 차원의 해결방안
광범위한 육아휴직제도, 공적 보육 시스템을 보급하면 기혼여성들이 육아와 직장활동을 병행할 수 있다.

4. 개인적 차원의 해결방안
개인들이 양성평등에 대한 진지한 자세 갖는 게 중요하다.
여성노동과 출산, 양육에 관한 연구보고서를 인용해 남성의 육아 및 가사노동 참여 필요성을 제기한다.
맞벌이가정 내에서 남녀 임금격차가 심하지 않고, 남편이 육아와 가사활동을 적극적으로 분담하면, 출산율 높아진다.

5. 결론
본론의 주요 내용을 요약한다. 저출산은 육아지원 같은 경제적 해결책으로만은 안 되고, 가정 내에서 공평한 가사 및 육아분담이 이뤄져야 해결될 수 있다.

＊ 참고문헌

꼼꼼히 문장식 개요를 써 보면 초고를 쓰는 데 큰 도움이 된다. 초고를 쓰는 것은 개요문을 펴놓고 자료를 넘겨보며 개요문의 한 항목, 한 단락을 채워가는 것에 다름 아니다.

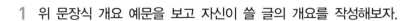

연/습/문/제

exercises

1 위 문장식 개요 예문을 보고 자신이 쓸 글의 개요를 작성해보자.

제목:

주제문:

   Ⅰ. 서론

   Ⅱ.
     1.

     2.

   Ⅲ.
     1.

     2.

   Ⅳ. 결론

＊참고문헌 목록
형식: 논문 – 저자 이름, 「논문 제목」, 『논문이 실린 잡지 제목』 ○○ 집, 학회 이름, 연도,
        페이지
   책 – 저자 이름, 『책 제목』, 출판사, 연도, 페이지.
   신문기사 – 「기사 제목」, 『신문 제목』, 간행일, 인터넷 주소 카피

①
②
③

4. 초고 쓰기

(1) 글의 첫머리를 어떻게 시작할까?

글의 첫머리는 서론이라고도 한다. 글의 첫머리는 독자들이 흥미를 느끼고, 관심을 끌 수 있도록 화제, 예화, 자신의 사례 등을 활용해서 시작하는 것이 좋다.

첫째, 보고서의 목적, 주제의 범위
둘째, 배경지식, 기본 이론, 선행 논의
셋째, 문제 제기 – 내가 왜 이 글을 쓰는지, 또는 글의 논점이나 순서를 제시한다.

(2) 본론 부분 작성하기

본론 부분은 개요를 보고 각 항목을 채워 넣는 방식으로 시작하는 것이 좋다. 또한 서론에서 문제제기한 자신의 논점이나 순서를 하나씩 풀어간다는 기분으로 글을 쓰는 것이 좋다. 본론은 보통 다음과 같은 점들을 유의하며 쓰는 것이 일반적이다.

첫째, 개요문의 항목마다 간단한 내용을 써넣으며 하나의 문단을 만들어간다.
둘째, 논점을 제시할 때, 자신이 읽은 자료를 인용하거나 요약하여 넣는다.
셋째, 자신이 인용한 글 뒤에는 인용문을 요약하거나 분석하는 것이 필요하다. 그 뒤로 자신의 생각이나 주장을 구체적으로 써내려 간다.
넷째, 자신의 주장을 전개할 때, 자신이 찾아본 자료를 찾아 구체적이거나 전문적인 지식을 활용한다. 자료에 대해 분석과 해석, 또는 비판과 평가를 하며 자신의 주장을 전개한다.

(3) 결론

결론에서는 처음 서론에서 글쓴이가 제기했던 문제, 의문점을 본론에서 전개한 내용을 정리하여 독자에게 자신의 주장을 명쾌하게 인식할 수 있도록 해야 한다. 결론 부분은 자신이 주장한 내용을 간략히 정리하고, 논점에 대해 시사점이나 제언 등을 첨부해 정리한다.

1 다음은 앞서 '저출산 현상'을 글감으로 해서 만든 개요를 바탕으로 완성한 초고이다. 다음 글을 읽고 '서론-본론-결론'의 글쓰기 방식을 분석해보자. 또 잘 된 점, 어색한 점, 보완할 점에 대해 이야기해보자.

'저출산' 주제의 완성된 글 (예시)

[제목] 여성권리의 향상이 저출산 해결의 지름길

(학생 글 수정한 것)

[서론. 문제 제기] 요즘 우리 사회는 저출산 현상이 심각하다. 정부는 많은 사회적 지원책을 내놓으며 젊은 청년, 부부들에게 결혼과 출산을 장려하고 있지만, 출산율은 1.02명까지 내려왔다고 한다. 이는 전 세계에서 가장 낮은 수치라고 한다. 정부는 2006년부터 80조원 이상을 지출하며 출산율을 높이기 위해 정책을 펴고 있다고 하는데, 왜 이리 한국의 출산율은 높아지지 않는 걸까?

[화제 탐색과 활용] 얼마 전 저출산과 인구문제에 관해 자료를 검색하다가 「복지 확대 없이 출산율 높인다고?」[1]라는 칼럼을 읽었다. **[기사내용 요약]** 글에서 조흥식 교수는 스웨덴과 프랑스 같은 나라의 사례를 들며, 출산율을 높이기 위해서는 무상교육, 무상의료, 다양한 가족 지원정책이 꼭 필요하다고 하였다. 뿐만 아니라 여성이 직장과 가족을 동시에 누릴 수 있는 사회문화적 환경이 필요하며, 이를 위해 적극적인 양성평등정책을 시행해야 한다고 하였다.

[기사분석] 나는 칼럼을 읽고 무엇보다 우리 사회에서 여성의 권리 향상이 출산율을 높일 수 있는 핵심요소라는 생각이 들었다. 우리 사회에서 여성의 사회적 지위는 선진 유럽국에 비해 한참 낮고, 많은 여성들이 결혼을 하게 되면 집안일과 회사일을 힘겹게 병행하다가 결국 가정이나 회사, 어느 한 쪽을 포기하지 않으면 안 된다는 이야기를 들었다. 이런 상황이 결국 여성들의 좌절과 우리 사회의 저출산 문제로까지 이어지는 것이 아닌가 한다. 그렇다면 어떻게 해야 여성의 삶의 질을 높일 수 있을까? 나는 두 가지로 생각해 보았다.

[해결책1] 먼저 국가적 차원에서의 해결방안이다. **[소주제문] 결혼한 가정에서 여성의 삶의 질을 높이려면 정부가 육아휴직제도와 공적 보육 시스템을 널리 보급시켜야 한다고 생각한다.** [자기주장 서술] 지금은 적지 않은 여성들이 출산과 육아 때문에 어쩔 수 없이 직장일을 그만두고 있다. 이른바 경력단절을 여성들이 한번 겪고 나면 다시는 원래 일자리로 돌아갈 수 없는 경우가 대부분이라고 한다. 남녀가 동등하게 교육을 받은 시대에 출산·육아 때문에 여

성인력이 일을 그만 두게 된다면, 본인은 물론 가정과 사회로서도 이만저만한 손해가 아닐 수 없다. [자기주장 강조] 이를 해결할 방안이 바로 육아휴직제도와 공적 보육 시스템이다. 이미 서구 프랑스, 스웨덴 등의 복지국가에서는 널리 실행되고 있는 이 정책을 대한민국 정부는 하루빨리 정착시켜 여성이, 아니 부부가 육아와 자기 일을 동시에 할 수 있도록 도와야 한다.

[해결책2] 둘째, 개개인들의 의식을 변화시켜야 한다. **[소주제문]** 나는 무엇보다 개개인들이 양성평등에 대해 진지한 자세를 갖는 것이 중요하다고 생각한다. **[자료 요약과 분석]** 한국보건사회연구원에서 나온 여성노동과 출산, 양육에 관한 연구보고서를 읽었는데 매우 흥미로운 이야기가 실려 있었다.[2] 보고서에는 남편의 육아·가사 분담률이 증가하면 둘째 아이 출산확률이 증가한다는 통계가 제시되어 있었다. 즉, 맞벌이가정 내에서 남녀 임금 격차가 심하지 않고, 남편이 육아와 가사를 적극적으로 분담하는 것이 출산에 긍정적인 영향을 미친다는 것이다. **[자기주장 서술]** 단순히 남편은 밖에서 돈을 벌어오고, 아내와 집안일을 해야 한다는 시각을 벗어나는 것만으로는 부족하다. 더 나아가, 육아와 가사는 아내의 일이라는 사고를 버려야 한다. 아내가 일을 하고, 남편이 가정에서 아이를 돌볼 수도 있다. 실제로 성 평등 문화가 정착된 국가에서는 오히려 고학력, 직장여성들이 출산에 더 긍정적이라는 연구 결과가 나왔다. 하지만 한국은 지난 몇 십 년 동안 일상생활에서 성 평등이 이뤄지지 못했다. [자기주장 강조] 나는 개개인이 양성평등의식을 높이는 것이 저출산을 해결하는 중요한 방법이라고 생각한다.

[요약 및 결론] 내가 내린 결론은 이렇다. 국가적인 측면에서 우리나라는 여성의 삶의 질을 높이고 아동보육에 있어 육아휴직제도와 공적 보육 시스템을 잘 발달시켜야 한다. 그리고 여권향상정책, 가족지원정책, 사회복지정책을 결합해서 시행해야 한다. 개인들도 저출산의 책임을 나라에만 떠넘기면 안 된다. 보수적인 가정문화나 집안일은 여자가 해야 한다는 편견도 저출산의 중요한 원인이지 않을까? 시대가 변화함에 따라 여성들이 노력해 대학에 진학하고 좋은 직장을 쟁취해냈지만, 가정에서 남녀평등은 이뤄지지 않았다. 여성뿐 아니라 남성도 양성평등 시각을 가져야 한다. 저출산은 육아 지원과 같은 사회정책만으로 해결할 수 없고, 공평한 가사 및 육아 분담과 같은 가정 내 양성평등을 통해 이룰 수 있을 것이다.

---

1) 조홍식, 「복지 확대 없이 출산율 높인다고?」, 경향신문, 2011. 1. 16.
2) 윤자영, 『노동과 출산 간의 연계성에 관한 거시−미시 접근』, 한국보건사회연구원, 2016.

〈참고문헌〉
조홍식, 「복지 확대 없이 출산율 높인다고?」, 《경향신문》, 2011. 1. 16.
윤자영, 『노동과 출산 간의 연계성에 관한 거시−미시 접근』, 한국보건사회연구원, 2016.

2 자신이 준비한 개요를 보고 글을 완성해보자.

5. 고쳐 쓰기

아무리 글을 잘 쓰는 사람도 한 번에 글을 다 써서 끝내지는 못한다. 글을 쓴다는 것은 초고를 쓰는 것이고, 초고(草稿)는 그야말로 '초고(初稿)'이다. 초고를 쓴다는 것은 개요문에 제시한 글의 형식을 채운다는 의미에 가깝다. 글을 한 번 채웠으면, 그 다음엔 여러 번 글을 다듬고 보완해야 한다. 고쳐 쓰기의 일반 원칙은 다음과 같다.

첫째, 쓰고자 한 것을 충분히 썼는지 검토하고 논거나 설명이 부족한 곳이 있으면 보충한다.

둘째, 중복되거나 불필요한 내용은 삭제한다.

셋째, 전체적으로 처음에 의도했던 주장이나 주제에 어긋나는 부분이 있는지 검토하고 삭제하거나 고친다.

넷째, 문장이나 단락의 순서를 바꿔 재배열해 효과를 높일 수 있으면 그렇게 한다.

고쳐 쓰기의 대상은 글의 주제나 내용, 문단, 문장, 단어, 띄어쓰기, 오탈자, 문장부호 등 전 영역이다. 먼저 전체적인 내용을 살피고, 그 뒤에 부분적인 내용을 살피는 것이 좋다.

글을 수정할 때는 일반적으로 분량을 줄여가는 것이 좋으며, 참고문헌을 조사해서 내용이나 근거를 보충하는 방식도 좋다. 글은 여러 번 수정할수록 좋아지므로 거듭 교정을 보아 완성도 높은 것을 공개해야 한다. 두 번에서 세 번 정도는 고쳐 써 보자.

초고쓰기가 필자가 하고 싶은 이야기를 쓰는 과정이라면, 고쳐 쓰기는 필자의 의도를 독자가 잘 이해할 수 있게 표현과 구성을 검토하는 과정이다. 글은 농축적일수록 깔끔하고 멋진 것이 된다. 장식적이지 않고 명쾌하면서도 한두 군데 적절한 비유를 사용한다면, 글은 더욱 빛날 것이다.

2장. 인용과 주석

1. 인용의 방법

　인용이란 남의 글[남이 펼친 주장]을 자신의 글에 끌어와 보여주거나, 글쓰기의 재료로 삼는 것을 말한다. 자신의 생각만으로 한 편의 글을 쓰는 것은 매우 힘들므로, 인용의 방식을 잘 익히면 글을 좀 더 요령 있게 쓸 수 있다. 글을 쓸 때 적절한 통계자료, 역사적 사실, 명언이나 속담, 권위 있는 이론이나 주장을 인용하면 자기주장의 타당성이나 정당성을 뒷받침하는 데 효과적이다.

　인용은 왜 하는가? 첫째, 인용은 다른 사람의 글을 비판적으로 논의하고 해석하는 데 도움이 되기 때문이다. 둘째, 공통되거나 상반되는 견해를 인용함으로써 논의를 더욱 풍부하게 만들어 주기 때문이다. 셋째, 자신의 주장을 뒷받침하고 강화하기 위해 권위 있는 의견의 도움을 받는 것이 유용하기 때문이다.

　인용할 때는 다음 사항에 유의해야 한다.

　첫째, 인용은 꼭 필요한 경우에만 한다. 논지 전개에 필요한 경우가 아니면 함부로, 또는 너무 많은 분량으로 인용해서는 안 된다.

　둘째, 인용을 할 때는 공식적으로 검증되었거나 권위를 인정받는 자료를 인용한다. 신문기사, 백과사전 내용, 단행본, 학술논문 등이 이에 해당한다.

　셋째, 인용문의 출처를 정확하고 구체적으로 밝혀야 한다. 대학에서 쓰는 글은 일반적으로 각주(脚註) 형식이나, "『○○○』에 의하면, ~~" 등의 방식으로 출처를 밝힌다. 블로

그나 인터넷 카페의 글은 저자나 출처를 밝히기 어려우므로 피한다.

넷째, 인용은 다른 글쓴이를 존중하는 마음으로 해야 한다. 인용할 글의 중심내용을 파악해 필요한 부분을 정확히 인용한다.

다섯째, 주장의 맥락과 인용한 자료가 어떠한 관련이 있는지를 분명히 밝힌다.

여섯째, 인용의 방법에는 원문의 표현을 그대로 옮기는 '직접인용', 참고한 내용을 요약하거나 자신의 문장으로 바꿔 표현하는 '간접인용'의 방식이 있다. 어떤 인용이든 인용한 부분의 끝에는 주석을 달아 출처를 명확히 밝혀야 한다.

일곱째, 인용문이 두세 줄을 넘지 않을 때에는 따옴표를 넣어 본문 내에 넣는다. 그 이상의 긴 인용문은 줄을 바꿔 아래위로 한 줄씩 띄워 새로운 문단을 만들어 인용한다. 그리고 그 첫줄은 한 칸 들여 쓴다.

여덟째, 인용문은 원문에 충실해야 한다. 모든 인용은 기본적으로 인용문의 문장, 개념이나 뜻을 왜곡하지 않고 사용해야 하며, 그 출처도 정확하게 밝혀주어야 한다.

아홉째, 인용된 저자의 의도를 왜곡하지 말고, 핵심적 사항을 파악하여 인용해야 한다.

(1) 직접 인용하기

직접 인용하기는 인용부호를 사용하여 다른 연구자의 글을 그대로 인용하는 것이다. 이때 자구는 물론 철자와 쉼표까지도 원문 그대로 인용하는 것이 원칙이다. 조금이라도 원문을 수정할 때에는 그 사실을 밝혀야 한다. 인용문이 너무 길어질 때에는 원문의 중간 부분이나 아래 부분을 생략하고 필요한 부분만 인용한 뒤, '생략' 또는 '중략'이라는 표시를 하거나 말줄임표를 사용하여 원문 그대로가 아님을 분명히 밝혀야 한다. 또한 원문을 인용한 뒤 필자가 강조하고 싶은 부분에 방점을 찍거나 밑줄을 그었다면, '방점은 필자', '밑줄은 필자' 등으로 표기를 해준다.

직접 인용은 원문의 표현 형태를 그대로 보여줄 필요가 있을 때 한다. 가령, 소설이나 시 등과 같이 작품이 변형되면 안 될 때, 법조문이나 중요 의결사항을 밝힐 때, 수학이나 과학의 공식이나 원리를 인용할 때 주로 사용한다.

단어나 핵심 어구, 3행 이내의 짧은 문장을 인용할 때는 본문의 문장 안에서 인용부호 큰 따옴표(" ")를 사용하여 원문임을 표시해 준다. 4행 이상 또는 100자 이상의 긴 글을 인용할 때에는 새로운 문단을 만들고 위아래를 한 줄씩 띄어준다.

짧은 인용문의 예시

- 미국의 국가교육협회는 기본 원칙의 전반에 걸쳐서, "각 개인은 자신이 가지고 있는 최고의 소질을 개발할 권리를 지니고 있다"(National Education Association, 1918:200)는 전제를 강조하고 있다.

긴 인용문의 예시

이 오래된 신화가 최초의 관객성을 설명하는 것과 흡사한 방식으로 초기 조선 관객의 관람 경험을 설명하는 글이 있다. 안종화는 다음과 같이 썼다.

> 불이 꺼진다. 그리고는 이어 화차가 달려나온다. 그러면 관중석은 그대로 수라장이 된다. 혹시나 화차와 충돌이 될까 봐서 관객들이 이리 피하고 저리 피하느라고 아우성을 치기 때문이다. 그도 그럴 것이 화차가 곧장 그대로 달려오다 보면 관중들은 영락없이 광무대 귀신이 될 것이니까.
>
> 영화가 끝난 다음은 더욱 가관이었다. 상영이 끝나고 불이 켜지면 으레 관중들이 무대로 몰려들어 일대 혼잡을 이루었다. 스크린을 들추어보려는 궁금증에서였다. 그들은 조금 전에 본 화륜선과 화차와 사람들의 출처가 의아스러웠던 것이다.[1]

안종화는 이를 유성기에 대한 당시 조선인들의 유사한 반응과 연결짓고, 당시 조선 관객을 "도깨비에 홀린 듯한" "소박"한 사람들이었다고 말한다.[2]

---

1) 안종화, 『한국영화측면비사』, 춘추각, 1962, 22-23쪽.
2) 위의 책, 23쪽.

(2) 간접 인용하기

간접인용은 인용문이나 논문의 내용을 원문 그대로 쓰지 않고, 인용자의 설명과 표현으로 바꿔 인용하는 방법이다. 주로 다른 사람의 생각이나 아이디어를 자기 글의 목적에 맞도록 활용하기 위해 자신의 문장으로 바꾸어 인용하는 것을 말한다.

■ 간접 인용의 예시

　　기본적으로 한국은 환란에서 이어진 위기를 극복하고 경제의 재도약을 도모하여 그 문턱에
서 좌절된 한국을 선진국으로 진입시킨다는 것을 목표로 하고 있다. 한국 사회 전반의 21세
기 비전과 전략은 결여되어 있지만, 경제적인 측면에서는 구조 개혁을 통해 시장경제 질서를
정착시키고 시장 주도와 더불어 지식 주도5) 및 세계 친화적 발전 전략으로써 경쟁력을 강화
하여 동북아의 경제 거점으로 발돋움하겠다는 것만은 분명하다.

―――――
5) 이는 '지식 기반 경제'로의 전환을 강조하는 것과 맥을 같이한다. 강봉균 재정경제부 장관도 최근 강연
　(앞의 자료, 1997. 7. 25)에서 21세기의 전략과 관련해서는 거의 유일하게 지식 기반 산업의 발전을
　언급하였다. 김대환, 「동아시아 경제 개혁의 비교 연구 서설」, 정문길 · 최원식 외 편, 『발견으로서의
　동아시아』, 문학과 지성사, 2000, 347쪽.

　　간접인용 방식은 원문이 너무 길거나 내용이 복잡해서 인용자가 간략히 내용을 설명하
기 위해 사용할 때가 많다. 위 예문에서 인용자는 강봉균 재정경제부 장관이 강연한 내용
의 핵심을 본인의 문장으로 요약해서 인용 · 설명하였는데, 위 개념 및 주장은 인용자의
것이 아니므로 인용임에 분명하다. 그래서 출처를 표시해야 한다.

2. 주석 및 참고문헌 작성법

(1) 주석의 사용법

　　논문이나 보고서를 작성할 때는 참조한 자료의 출처를 밝히거나 내용 이해를 돕기 위해
설명을 덧붙이는 주석을 단다. 주석에는 본문주(本文註), 각주(脚註), 후주(後註) 등이 있다. 본
문주는 본문 속에 괄호를 만들고 그 안에 주석 내용을 바로 표기하는 것이다. 각주는 주석
이 필요한 페이지의 아랫부분에 줄을 긋고 그 밑에 주석 내용을 다는 것을 말한다. 후주는
주석을 글의 맨뒤에 모두 모아서 한꺼번에 제시하는 방식을 말한다. 후주는 미주(尾註)라고
도 한다. 최근에는 "(최현주 2005)"와 같이, 본문에서는 간단하게 필자와 간행년도만 밝히고
구체적인 서지사항은 참고문헌 목록에 작성하는 '필자―연대' 표시법이 많이 쓰이고 있다.
각주를 중심으로, 주석이 사용되는 용도에 대해 살펴보면 다음과 같다.
　　첫째, 각주는 인용의 출처를 밝히는 데 가장 많이 사용된다.

둘째, 각주는 본문에서 논의된 테마에 관하여 그것을 뒷받침하는 다른 참고문헌에 대한 소개를 덧붙이는 데 사용된다. 가령 "이 문제에 대해서는 다음과 같은 저자의 책을 참조하시오."와 같은 경우에는 각주로 하는 것이 편리하다.

셋째, 각주는 뒷받침하는 인용문(본문 안에서는 방해가 될 수도 있는)을 도입하는 데 이용된다. 가령 주장을 할 때 "첫째, 둘째…" 식으로 넘어갈 때, 논의의 맥락을 잃지 않기 위해 곧바로 그 다음 주장으로 넘어간다. 그러나 첫 번째 주장 다음에, 주에다 참조 표시를 함으로써, 어떤 유명한 권위자가 필자의 주장을 확인한다는 것을 증명할 수도 있다.

넷째, 각주는 필자가 본문에서 주장한 것을 확대하는 데 이용된다. 중심적 서술보다는 주변적인 관찰인 경우 특히 그러하다. 이를 주에 넣어줌으로써 본문이 무거워지는 것을 막아주기 때문이다.

다섯째, 각주는 본문의 주장들에 대한 상이한 견해를 제시하는 데 이용된다. 자신이 주장한 것에 대해 확신을 갖고 있지만, 또한 반대되는 견해를 주에 넣어줌으로써 논의의 객관성을 확보할 수도 있다.

여섯째, 외국어 텍스트의 경우, 번역문 또는 원문을 각주에 넣어주는 데 이용된다.

(2) 각주의 사용 사례

▌논문, 서적의 출처를 표시하는 다양한 각주 형식 예시

1) 조동일, 『우리 학문의 길』, 지식산업사, 1993, 82쪽.
2) 전효찬, 『영어의 경제학』, 삼성경제연구소, 2006, 28쪽.
3) 김승곤, 『현대 나라 말본』(서울: 박이정출판사, 1997), p. 112.
4) 로맹 롤랑, 『톨스토이』, 장만영 역(증보판, 서울: 신구문화사, 2000), 96쪽.
5) 로맹 롤랑 저, 장만영 역, 『톨스토이』(증보판, 서울: 신구문화사, 2000), 96쪽.
6) 로맹 롤랑 저, 장만영 역, 『톨스토이』, 신구문화사, 2000, 96쪽.
7) 장철수, 「21세기 프랑스의 경제상황」, 신효철 편, 『프랑스의 이해』, 민음사, 2004, 34쪽.
8) Bill Nichols, "The Voice of Documentary", Bill Nochols(ed), *Movie and Methods: An Anthology*, University of California Press, 1985, pp. 12–15.
9) 유치진, 〈가면무극을 구하라〉, 『경향신문』, 1958. 1. 6.
10) 조경희, 「빛과 어둠의 경계선」, 『월간미술』, 2000. 4.
  http://www.wolganmisool.com/02wolgan/serv/200207/05 article/main03.php(2017. 7. 7 검색)

한글 각주의 경우, 1), 2), 6), 7)번 사례와 같이 쉼표(,)로 서지정보를 열거하며 출판정보를 서술하는 방식이 일반적이므로 이와 같이 쓰기를 권장한다. 3), 4), 5)번 사례는 책제목을 강조하고, 나머지 출판사 및 출판연도 등은 괄호 안에 넣어주어 숨기는 방식이다.

영어 각주의 경우, 서지정보를 적는 순서는 한글 각주와 같은데, 논문은 8)번 사례처럼 논문은 "논문제목"의 형식으로 제목을 써주고, 논문이 실려 있는 학술잡지나 단행본의 제목은 이탤릭체로 써주며, 책 표시의 문장부호는 쓰지 않는다.

9)번은 신문이나 잡지에 실린 작품이나 기사를 표시할 때 쓰는 방식이다. 10)번은 인터넷에 실린 기사를 검색했을 때 쓰는 방식인데, 일반적인 서지사항 외에 인터넷 주소와 검색일을 부가해 써주어야 한다.

설명 각주의 예시

이러한 서술은 자연히 다양한 장르와 매체적 자질들이 뒤섞이는 것을 더욱 쉽게 만든다. 그래서 이러한 경향과 더불어 최근 영화화되는 역사소설에서 발견되는 또 하나의 특징은 혼성장르[15] 경향이다.

---

[15] 장르는 할리우드 장르 영화가 만들어낸 정형적인 서사구조와 관습을 일컫는다. 우리나라의 경우 1960년대에 이르면, 코미디물이 인기를 끌고 추리물도 나오기 시작하며 장르도 다양해진다. 이러한 경향은 계속되어 장르의 분화와 장르 간 혼성이 이루어지며, 장르의 관습이 끊임없이 혁신되고 다시 관습을 만드는 과정을 되풀이하여 현재에 이르고 있다. 현재 디지털 정보화와 함께 매체 간 장르 간 교섭이 더욱 활발해지며 혼성장르화가 더욱 가속화되고 있다.

약식 각주의 예시

1) ibid.

2) ibid, pp. 112-120.

3) Rose Oswald, op. cit., p. 24.

4) 장철수, 앞의 논문, 35쪽.

5) 위의 논문, 37쪽.

6) 장철수(2005), 35쪽.

약식 각주는 앞에서 한 번 참고한 자료의 서지사항을 기술하였으면, 그 뒤에는 간략히 서지사항을 쓰는 방식이다. "ibid"는 바로 앞에서 제시한 영어, 프랑스어 등 서양언어로 된 참고자료의 서지사항을 다시 제시할 때 쓰는 방식이다. 1)번의 "ibid"는 "위의 책"을 인용했다는 뜻이고, 2)번은 "위의 책"의 112쪽에서 120쪽까지 인용, 또는 참고했다는 뜻이다. 3)번은 앞에서 제시했던 Rose Oswald라는 저자가 쓴 책의 24쪽을 인용했다는 뜻으로, "op. cit."는 "앞의 책"이란 뜻이다. "op. cit."나 "앞의 책"은 같은 뜻이며, 바로 앞의 책이 아니라 몇 단계 앞에 서지사항을 제시했을 때, 저자 이름을 함께 써줌으로써 그 저자가 썼던 책을 참고하라는 뜻이다.

한국어 책이나 일본어, 중국어 책 등 한자문화권의 책은 "앞의 논문[책]", "위의 논문[책]"과 같이 한글로 된 약식 부호를 많이 이용한다. "위의 책"은 바로 위에 제시된 책의 서지정보를 그대로 쓰는 방식이고, "앞의 책"은 앞에 저자 이름을 같이 써줌으로써 바로 앞의 책이 아니라 몇 단계 앞에 그 저자가 쓴 책을 참고했다는 뜻이다. 6)번은 "앞의 책"과 비슷한 서지사항 표시법인데, 앞에서 서지사항을 제시했던 장철수의 2005년도 책 35쪽을 다시 참고했다는 기호이다.

3장. 표절과 글쓰기의 윤리

　우리는 대학시절, 글쓰기의 과정에 대해 진지하게 배운다. 한 편의 글을 쓴다는 것은 결코 쉬운 일이 아니다. 글쓰기는 창의적 작업이자 매우 고통스러운 노동이기 때문이다. 글을 쓸 때에는 자신의 창의적 생각과 표현을 살리기 위해 애써야 하지만, 다른 사람의 글을 적절하게 참고하여 쓰는 것은 권장할 만한 일이다. 글을 쓸 때 참고자료 없이 쓰기란 매우 어렵다. 적절한 자료를 찾아서 자기 글의 소재나 예시 등으로 사용하면 글쓰기에 매우 도움이 된다.

　이때 주의할 점이 자기가 찾은 자료를 적절하게 인용표시하고 출처를 밝혀야 한다는 것이다. 참고자료, 남이 쓴 글을 내 글에 인용할 때 인용표시를 하지 않으면, 대부분 '표절' 시비를 벗어나기 힘들다. 자료의 출처를 알리면, 표절의 문제는 대부분 사라진다. 표절이란 무엇일까?

　'표절(剽竊)'이란 다른 사람이 쓴 글의 문장이나 고유한 내용과 생각을 출처를 밝히지 않고 마치 자기가 쓴 것처럼 사용하는 것을 말한다. 다른 사람이 애써 쓴 글을 몰래 훔쳐 사용하는 것은 윤리적으로 비난받을 일일 뿐 아니라, 처벌을 받을 수도 있고, 때로는 법적인 책임을 지고 배상을 해야 할 일도 생기기 때문에 무척 주의해야 한다.

　표절의 종류에는 글의 대상에 따라 자기표절과 타인표절로 구분할 수 있다. 자기표절은 자신이 이전에 썼던 글을 처음 쓰는 것인 양 출처를 밝히지 않고 재활용하는 것이다. 이것도 표절이므로, 하면 안 된다. 타인표절은 남의 글을 출처표시하지 않고 갖다 쓰는 것이다. 출처만 제대로 표시하면 대부분 문제가 안 된다. 표절의 범위는 아래와 같이 나눌 수 있다.

① 다른 사람의 글 전부, 또는 일부를 가져와 자신의 이름으로 발표한 경우
② 다른 사람의 생각이나 아이디어를 가져와 자신의 것처럼 제시한 경우
③ 다른 사람의 글에 사용된 중요한 개념이나 표현을 출처를 밝히지 않고 사용한 경우
④ 다른 사람의 말을 편집하거나 표현을 바꾸어 자신의 것처럼 서술한 경우
⑤ 그림이나 표, 사진 등을 허락 없이 사용한 경우

위에 써 있는 것처럼 남의 글, 표, 사진, 그림, 음악, 생각이나 아이디어는 물론이고, 누군가가 쓴 독특한 개념이나 문장표현도 저작권이 보장된다. 이것을 쓸 때는 원 저작자의 이름과 출처를 밝혀야 하며, 때로는 허락을 받거나 경제적 비용을 치르고 써야 한다는 점도 잊지 말아야 한다. 표절의 유형을 몇 가지로 나눠 살펴보면 다음과 같다.

(1) 내용표절

내용표절의 첫째 유형은 전체표절이다. 다른 사람이 쓴 글의 전부, 또는 글의 앞뒤만 조금 바꿔 그대로 카피해 쓰는 것을 말한다. 인터넷 블로그에 있는 글을 그대로 퍼오거나, 과제물을 사서 그대로 제출하는 것이 대표적 예다. 누군가 전체표절을 한 사실이 밝혀지면 망신은 당하는 것을 물론이고 많은 불이익을 당할 것이다.

둘째 유형은 부분표절이다. 글을 쓰다가 다른 사람의 글에서 필요한 내용을 부분적으로 가져와 쓰는 것인데, 이것도 표절이다. 현재 표절 판단의 기준은 인용 표시 없이 '여섯 개 이상의 단어가 연속적으로 열거되는 경우'이다.

셋째 유형은 요약표절이다. 다른 사람이 쓴 글의 전체 내용의 핵심을 자신의 문장으로 요약해서 쓰는 경우다. 비록 문장표현은 바뀌었지만 생각은 앞선 사람의 것이니, 남의 글을 출처 표시 없이 요약해 옮기면 이것도 분명한 표절이다.

넷째 유형은 짜깁기이다. 몇 개의 글에서 필요한 내용들을 카피해서 뒤섞거나, 하나 이상의 글에 자신의 생각을 덧붙여 글을 쓰는 행위이다. 이것도 표절이다.

(2) 개념표절

개념표절은 기존의 글에서 독창적으로 사용된 단어나 용어를 함부로 사용하는 경우를 말한다. 아이디어 표절도 이에 포함시켜 논하기도 한다. 다른 사람의 중요한 생각을 표현한 개념어를 함부로 사용하면 안 된다. 다른 사람의 독창적 생각과 그것을 표현한 말은 존중되어야 하기 때문이다. 역시 누가 썼는지를 밝히거나 출처를 밝히면 된다.

우리 학계에는 그동안 타인의 저서를 표절하는 행위, 다른 사람의 학위논문을 표절하여 제출하는 행위, 자신이 이전에 썼던 논문의 동일한 내용을 다른 지면에 발표하는 행위, 다른 사람의 논문을 짜깁기하여 발표하는 행위, 번역과 짜깁기로 저서를 출판하는 행위, 자신이 지도한 제자의 학위논문을 지도교수의 이름으로 발표하는 행위 등이 관행적으로 이뤄져 왔다. 시대가 바뀌어 이제는 이런 관행이 허용되지 않는다. 학생 때부터 이와 같은 부도덕한 연구 및 글쓰기 행위에 대해 엄중한 윤리의식을 가질 필요가 있다.

최근에는 문학 창작, 논문 집필, 음악, 광고, 컴퓨터 프로그램 등 다양한 분야에서 표절 행위로 인해 민·형사적 불이익을 당하는 일이 많아지고 있다. 저작권법에는 저작권을 보호하며 표절 행위를 처벌하는 조항이 명시되어 있다. 학생들도 저작권에 대한 인식을 명확히 하여 생각지도 못한 불이익을 받지 않도록 조심해야 한다.

아울러 학생들이 보고서나 논문을 쓸 때, 표절은 범죄라는 인식을 해야 한다. 특히나 일부 인터넷 사이트에서 일어나고 있는, 보고서를 사고파는 행위는 명백한 범법 행위라는 인식을 해야 할 것이다. 창의적 글쓰기는 그만한 고통과 노력을 필요로 하며, 학생 때부터 이를 존중하는 습관이 들어야 창의적 콘텐츠를 중시하는 미래 사회에 잘 적응할 수 있을 것이다.

IV

●

글쓰기의 실제

요즘 대학에서 주로 쓰는 이력서 및 자기소개서, 문화비평문, 서평 및 칼럼, 프레젠테이션에 대한 개념과 작성법을 익혀보자. 각 분야의 다양한 예문을 통해 장르의 특징을 습득하고, 연습문제를 활용하여 자신의 생각을 정리하고 표현해보자.

1장. 이력서

(1) 개념

이력서(履歷書)란 어떤 이가 살아오면서 이룩한 학업이나 종사했던 직업 따위의 발자취를 적은 문서이다. 이력서에는 본인의 공식적인 학력과 경력 등을 연차순으로 정리하며, 이는 취업을 준비할 때 가장 기초적으로 제출해야 하는 자료이다.

요즘 공기업을 중심으로 대졸 신입사원 채용 방식이 블라인드 채용으로 변화하고는 있지만, 아직도 대부분의 기업체에서는 사원 채용 시 서류전형 단계에서 이력서를 가장 기본적인 자료로 요구하는 경우가 많다. 그러므로, 대학교 졸업 후에 공공기관에 취업할 목표를 두고 있는 이들은 이력서를 작성하는 기본적인 요령을 숙지할 필요가 있다. 또한, 특정 전공 분야의 경우에는 대학 재학 중에도 발표회나 전시회, 각종 대회 등에 출전할 때 본인의 프로필을 제출하기도 하는데, 이 경우에도 이력서 양식을 유용하게 활용할 수 있다.

(2) 구성 항목

지원 분야에 따라 이력서 양식이 다소 상이할 수는 있지만, 공통적으로 들어가는 항목은 다음과 같다. 지원자의 현재 인적사항을 알 수 있는 성명, 사진, 주소, 연락처를 기재해야 한다. 다음으로 학력, 경력, 자격사항, 특기사항, 수상 경력 등을 연대순으로 제시해야 한다. 예전에는 주민번호 등을 기재하는 경우도 있었지만, 요즘에는 개인정보보호법이 시행되어 주민번호의 앞자리만을 기재하거나, 아예 기재하지 않는 경우도 있다.

(3) 작성 요령 및 유의사항

이력서는 공식적으로 자신에 대한 객관적인 정보를 제시하는 글이므로, 다음 사항에 맞추어서 정확하게 쓰는 것이 중요하다.

1) 허위 사실로 오해 받지 않도록 유의해야 하며, 각 항목을 사실대로 정확하게 기록해야 한다.

2) 학력과 경력은 연대순으로 기록해야 한다. 초등학교와 중학교의 학력은 생략하며, 고등학교의 경우에는 졸업 사항만 기입한다. 대학 및 대학원은 입학 및 졸업 사항을 모두 기입한다.

3) 경력 사항에는 군 복무, 어학 연수, 봉사 활동, 학생회나 동아리 활동, 아르바이트, 기업체 인턴, 입사 경력 등을 기재한다.

4) 자격 사항에는 취득한 자격증을 연대순으로 제시하면 된다. 자격증의 명칭과 발령청을 정확하게 기재한다. 양적으로 많은 자격증을 취득하여 무분별하게 나열하는 것보다는 지원 분야에 꼭 필요한 자격증을 취득하여 제시하는 것이 좋다.

5) 특기 사항 및 수상 경력은 본인이 지원하고자 하는 분야에 도움이 될 수 있는 특기 및 수상 경력을 위주로 제시하면 된다. 교내외 대회나 공모전 입상 내역 등을 주로 기재한다. 특히, 컴퓨터 활용 능력이나 특정 어학 실력이 요구되는 분야에 지원할 때에는 이와 관련된 특기사항이나 수상 경력을 제시하면 유리하다.

6) 이력서 인적 사항과 마지막 부분에는 자신의 성명을 기입하고, 자필로 서명을 하거나 날인을 한다. 이는 본인이 쓴 이력서의 내용에 거짓이 없다는 것을 확인하는 표시이며, 만약 허위 사실을 기재했을 경우에는 그에 대한 책임을 직접 진다는 뜻이다.

▌블라인드 채용이란?

채용과정(서류 · 필기 · 면접)에서 편견이 개입되어 불합리한 차별을 야기할 수 있는 출신지, 가족관계, 학력, 외모 등의 항목을 걷어내고 지원자의 실력(직무능력)을 평가하여 인재를 채용 블라인드 채용은 ① '차별적인 평가요소를 제거'하고, ② '직무능력을 중심으로 평가'하는 것

* 출처: 「공공기관」 블라인드 채용 가이드라인 (2017.7 관계부처 합동)

블라인드 채용 준비과정

STEP01
〈진로탐색 및 선택하기〉

- 워크넷(www.work.go.kr), NCS 사이트(www.ncs.go.kr) 등 활용
- 직업정보, 기업직무 소개 등 참고하여 진로탐색하기

STEP02
〈직무능력 함양하기〉

- HRD-Net(www.hrd.go.kr), 워크넷(www.work.go.kr) 등 활용
- 직업훈련, 직무체험 등을 통해 직무능력 쌓기

STEP03
〈취업 준비하기〉

- 블라인드채용 사이트(www.ncs.go.kr/blind) 등 활용
- 블라인드채용 준비 웹페이지, 가이드북 등 참고하여 방향 설정하기
- 채용공고, 직무기술서 등을 통해 기업별 채용과정 파악하기

* 출처: https://www.ncs.go.kr/blind/bl02/RH-103-001-01.scdo

(방문일: 2018. 9. 17.)

1　본인이 진출하고자 하는 분야에서 요구하는 인재상과 이력서 양식을 찾아보고, 필요한
　　항목을 정리해보자.

2　앞에서 정리한 내용을 바탕으로, 대학 졸업 후 앞으로 5-7년 후를 가정해서 나만의 〈상
　　상이력서〉를 작성해보자.

　　– 작성요령: 고등학교 졸업 및 현재까지의 학력과 경력, 수상 사항, 자격증 등은 사실대
　　　로 기입할 것. 그 외의 사항은 앞으로의 계획을 설정하여 체계적으로 작성할 것
　　　(* 원래 이력서는 상상해서 쓰면 절대 안 되지만, 실습용으로만 허용함.)

3 본인이 취업이나 대학원 진학을 앞둔 4학년이라고 가정하고, 이력서를 작성해보자.

〈기본 이력서 샘플〉

<table>
<tr><td rowspan="3">사   진</td><td colspan="4" style="text-align:center">이   력   서</td></tr>
<tr><td>성   명</td><td>김영석   ㉑</td><td colspan="2">주 민 등 록 번 호</td></tr>
<tr><td></td><td></td><td colspan="2">94****</td></tr>
<tr><td></td><td>생년월일</td><td colspan="3">1994년   2월   10일생 (만25세)</td></tr>
<tr><td colspan="2">주   소</td><td colspan="3">경기도 용인시 처인구 용인대로 000</td></tr>
<tr><td colspan="2">연 락 처</td><td>휴대폰</td><td>010-****-****</td><td>이메일   abc@hanmail.net</td></tr>
</table>

년	월	일	학 력 및 경 력 사 항	발 령 청
			〈학 력〉	
2013	02	10	○○고등학교 졸업	
2013	03	02	○○대학교 특수체육교육과 입학	
2019	02	22	○○대학교 특수체육교육과 졸업	
			〈경 력〉	
2013	04	01	○○대학교 휠체어 농구단 선수 등록	
2013	06 09	25 01	한국 장애인 고용공단 인턴 요원	
2013 2015	10 08	01~ 01	육군 ○○부대 현역병 복무 (만기제대: 육군 병장)	
2015	09	10	○○대학교 휠체어 농구단 주장	
2016 2017	09 08	01~ 30	경기도 장애인 자립생활센터 자원봉사 (100시간: 재활분야)	

년	월	일	학 력 및 경 력 사 항	발 령 청
			〈자 격 증〉	
2010	06	23	ITQ 엑셀, 파워포인트 자격증 취득	정보기술자격센터
2011	07	05	워드 프로세서 2급 자격증 취득	대한상공회의소
2016	03	20	YMCA 스포츠지도사 자격증 취득	서울 YMCA
2017	04	07	장애인 스포츠지도사 2급 자격증 취득	KSPO 체육지도사 자격검정연수원
2019	02	22	특수학교 정교사 2급 자격증	지방교육청
			〈특기 사항〉	
2016	04	24	경기도 대학 스포츠클럽 우승 (농구)	
2017	05	17	2017 전국 대학 휠체어 농구대회 우승	
2017	08	20	전국 대학 골볼 대회 준우승	
2018	09	03	○○대학교 특수체육교육과 성적우수장학금 수혜	
			위 내용은 사실과 틀림없습니다.	
			2019년 3월 4일	
			김영석 (인)	

2장. 자기소개서

(1) 개념

자기소개서는 자신의 성장 과정, 성격, 경력, 특징 등을 남에게 공식적으로 알리기 위해 쓰는 글이다. 자기소개서는 진학, 입사, 구직 시에 공식적이고 객관적으로 자신을 소개하기 위해 작성한다. 특히, 취업을 준비할 때 이력서와 함께 기본적으로 제출해야 하는 서류 중 하나이다. 혹은 재학 중에 외부 장학금이나 교환 학생을 신청하거나, 공모전이나 발표회 등을 신청할 때에도 자기소개서를 제출해야 하는 경우도 있다.

이력서에서 본인의 이력을 연대순으로 단순 제시하는 것에 비해, 자기소개서에서는 업무 능력과 관련된 자신의 특장점을 구체적으로 제시해야 한다. 그러므로, 개성 있고 참신하게 자신의 특징을 드러낼 수 있도록 작성해야 한다.

(2) 구성 항목 및 작성 요령

지원 분야에 따라 자기소개서 항목이 다소 상이할 수는 있지만, 공통적으로 들어가는 요소는 다음과 같다. 성장 과정, 성격 소개, 학창 시절, 입사 지원 동기 및 포부, 해당 분야(업무상) 특기 사항 등으로 구분하여 그에 적합한 내용을 기재한다. 특히, 취업용 자기소개서를 쓸 때에는 채점자가 읽기 쉽도록 간결하고 명확하게 작성하되, 지원자의 특징이 최대한 돋보이도록 내용을 기재하는 것이 좋다.

자기소개서는 지원자의 상세 정보를 제시하는 글이므로, 다음 사항에 맞추어서 구체적으로 작성하는 것이 중요하다.

1) 성장 과정: 자신의 성장 배경 및 과정을 서술하는 부분이다. 누구에게나 적용되는 일반적이고 보편적인 내용보다는 자신만이 겪은 특별한 일화(에피소드)를 소개하는 방식으로 서술하는 것이 좋다.

2) 성격 소개: 본인 성격의 장·단점을 모두 서술하면서, 장점을 부각시키는 것이 적절하다. 이 경우에도 사회 생활을 하는 데에 유리한 대인 관계나, 긍정적이고 진취적인 측면에 초점을 맞추는 것이 좋다. 그리고, 막연한 표현보다는 구체적인 예시를 들어 제시하는 방식으로 서술한다. 또한, 약간의 단점을 제시하되 개선하려고 노력 중이라는 태도를 보여주어야 한다. 자칫 사회 생활에 지장을 줄 수 있는 단점은 제시하지 말아야 한다.

3) 학창 시절: 학창 시절의 주요 활동이나 진로를 결정하는 데에 영향을 주었던 계기 등을 제시한다. 주로 고등학교 시절의 경험은 대학의 학과를 선택하는 데에 영향을 주는 경우가 많고, 대학 시절의 경험과 활동은 대학원 진학이나 취업 등에 계기를 제공해준다. 구체적인 학과 행사 참여 경험, 동아리나 봉사 활동, 교환 학생 경험 중에서 본인의 진로 선택에 결정적인 영향을 준 에피소드를 제시한다.

4) 입사 지원 동기: 자신이 입사하고자 하는 기업체나 업무 분야의 지원 동기를 구체적으로 서술한다. 이 때 지원하고자 하는 기관이 추구하는 인재상이나 기업 정신 등을 미리 조사하여, 자신이 지원하고자 하는 동기와 해당 기관의 성격이 부합함을 강조하는 것이 좋다.

5) 희망 업무 및 포부: 자신이 희망하는 업무와 이에 대한 포부를 명확하게 제시한다. "무슨 일이든지 시켜만 주시면 최선을 다하겠다."는 식의 막연한 표현은 지양하고, 구체적으로 본인이 어떠한 역량을 발휘할 수 있는지를 밝혀야 한다.

6) 해당 분야(업무상) 특기 사항: 해당 분야에서 요구하는 구체적인 업무 능력을 본인이 갖추고 있음을 강조한다. 예를 들어 영업직이나 서비스 업종에 지원할 경우에는 원활한 의사소통 능력이나, 원만한 대인 관계를 부각하여 드러낸다. 그리고, 해외 비즈니스 업무를 담당할 경우에는 해당 문화권에 대한 기본적인 소양과 외국어 구사 능력을 필수적으로 갖추고 있어야 할 것이다. 또한 특정 분야의 기술직인 경우에는 전문 자격증을 취득한 부분을 강조한다.

(3) 작성 시 유의사항

자기소개서는 이력서에 제시하지 못 한 개인의 특장점을 개성 있게 제시하는 글이므로, 다음 사항에 맞추어서 작성하는 것이 중요하다.

1) 구체적으로 서술한다: 가 항목을 작성할 때에 특별한 부분에 초점을 맞추어 작성한다. 자신의 경험, 가치관, 적성 등이 상세하게 드러나도록 구체적인 에피소드를 활용하여 서술한다. 예를 들어 본인의 리더십을 강조하고 싶다면, 본인이 특정 집단에서 성공적인 리더십을 발휘했던 사례를 들어 제시하는 것이 효과적이다.

2) 진솔하고 성실한 태도로 작성한다: 자신의 특장점을 강조하다 보면, 자칫 지나치게 과장된 표현을 쓰거나 자랑을 늘어놓는 식으로 서술하게 되는데, 이는 오히려 역효과를 불러일으킬 수 있으므로 주의해야 한다. 솔직하고 겸손하게 표현하는 태도를 유지해야 한다.

3) 상투적인 표현 사용을 자제한다: 자기소개서는 모든 지원자들이 작성하는 것이므로, 상투적이고 일반적인 표현을 위주로 작성하면, 다른 이들과의 변별성을 찾기 어렵다. 개성 있는 자신의 특징을 인상적으로 표현하는 독창성이 매우 중요하다.

4) 객관적인 태도를 유지한다: 자신의 특징을 스스로 평가하다 보면 주관적인 판단에 사로잡히기 쉽다. 평소 타인이 자신을 어떻게 평가했는지 되새겨보고, 자신의 모습을 객관적인 어조로 표현하는 것이 필요하다.

5) 어법에 맞도록 정확하게 표현한다: 표준어, 맞춤법, 띄어쓰기, 적절한 어휘 사용, 문장 표현에 유의하여 어법에 맞는 정확한 표현을 해야 한다. 특히, 비속어나 신조어, 은어, 줄임말, 외계어 등의 사용은 자제한다. 그리고, 문장은 가급적 핵심이 드러나게 간결하게 서술한다.

6) 제목이나 소제목을 활용한다: 전체 글의 내용에 적절한 제목이나 부제를 활용하면 개성 있고 인상적인 글을 쓸 수 있다. 각 내용별로 핵심어를 사용하여 소제목을 붙이는 것도 효과적이다.

자기소개서 작성 시 체크사항

가. 진정성 있게 작성하자.

억지로 부풀린 내용이 없어야 하며, 설득력 있게 작성해야 합니다.

나. 직무를 먼저 이해해야 한다.

자신이 지원하는 직무에 대한 확실한 이해가 바탕이 돼야 합니다.

다. 인사담당자의 입장을 고려하자.

자기소개서를 보며 흥미나 호감을 느꼈던 지원자는 면접장에서 다시 확인해보고 싶은 생각이 들 수 있습니다. 읽는 이의 입장을 고려하여 읽기 편하게, 요점을 정확히 강조하여 작성합니다.

라. 주어진 항목에 적합한 답변을 하자.

기업이 알고 싶어 하는 성향, 역량을 파악하고 그에 맞는 적절한 답변을 해야 합니다.

마. 자기소개서는 면접의 근거자료다.

면접관은 자기소개서를 바탕으로 질문을 하게 됩니다. 이 때 질문을 통해 부풀리고 거짓된 내용이 발각되면 면접자를 불신하게 되니 진실만을 써야 합니다.

바. 나만의 이야기를 써라.

타 지원자와의 차이점을 알리기 위해 '나만의 스토리'를 작성하는 스토리텔링이 필요합니다. 즉, 자신이 업무를 수행할 준비가 되어 있음을 보여줄 수 있어야 합니다.

* 출처: http://www.work.go.kr/empSpt/empGuide/empTrend/selfIntroGuide.do
(방문일: 2018. 9. 17.)

"자기소개서는 두괄식으로…지원 기업 공식명칭 적어야"

삼성, 현대차 등 주요 대기업은 입사 지원자의 전반적인 경력보다는 직무 관련 경험과 역량을 채용의 주요 기준으로 삼는 것으로 나타났습니다.

전국경제인연합회 부설 한국경제연구원에 따르면 이들 그룹 인사담당자들은 "서류전형과 면접 모두 자기소개서를 중심으로 진행되기 때문에 직무 경험과 역량이 가장 중요하다"고 강조했다고 전했습니다.

인사담당자들은 자기소개서를 지원자의 경험을 바탕으로 두괄식으로 작성하고, 지원 기업의 정확한 공식명칭을 적어야 한다고 조언했습니다.

또, 직무와 관련 없는 내용은 오히려 감점 요인이 되고 인·적성검사는 정답이 정해져 있는 것이 아니기 때문에 일관성 측면에서 지원자가 생각하는 그대로 답변해야 유리하다는 점 등도 주의할 부분으로 꼽혔습니다.

연구원 측은 "올해 하반기부터 공공기관이 블라인드 채용을 시행하고, 대기업들도 이른바 스펙을 보지 않는 블라인드 면접과 채용을 확대하는 추세"라며 "자기소개서와 면접에서 직무와 연관된 경험과 지식을 잘 드러내야 취업에 유리하다"고 설명했습니다.

*출처 : SBS 뉴스 한승환 기자 (작성일: 2017. 10. 12.)
http://news.sbs.co.kr/news/endPage.do?news_id=N1004431537&plink=ORI&cooper=DAUM&plink=COPY
PASTE&cooper=SBSNEWSEND (방문일: 2017. 10. 16.)

'자소설'은 화를 불러일으킨다

입사지원서에 최소한의 내용만 기재하기 때문에 자기소개서를 잘 쓰는 게 취업 성공의 열쇠다. SK관계자는 "자신이 지원한 회사와 직무에 얼마나 적합한 역량과 재능을 갖추고 있는지에 초점을 맞춰 솔직하게 써야 한다"면서 "화려한 미사여구나 스펙을 나열하는 식의 전개는 도움이 되지 않는다"고 했다.

2017년 하반기 SK그룹의 자소서 문항은 다음과 같다.

1. 자발적으로 최고 수준의 목표를 세우고 끈질기게 성취한 경험에 대해 서술해 주십시오.
   (본인이 설정한 목표/목표의 수립 과정/처음에 생각했던 목표 달성 가능성/수행 과정에서 부딪힌 장애물 및 그때의 감정(생각)/목표 달성을 위한 구체적 노력/실제 결과/경험의 진실성을 증명할 수 있는 근거가 잘 드러나도록 기술)

2. 새로운 것을 접목하거나 남다른 아이디어를 통해 문제를 개선했던 경험에 대해 서술해 주십시오.
   (기존 방식과 본인이 시도한 방식의 차이/새로운 시도를 하게 된 계기/새로운 시도를 했을 때의 주변 반응/새로운 시도를 위해 감수해야 했던 점/구체적인 실행 과정 및 결과/경험의 진실성을 증명할 수 있는 근거가 잘 드러나도록 기술)

3. 지원 분야와 관련하여 특정 영역의 전문성을 키우기 위해 꾸준히 노력한 경험에 대해 서술해 주십시오.
   (전문성의 구체적 영역(예, 통계 분석)/전문성을 높이기 위한 학습 과정/전문성 획득을 위해 투입한 시간 및 방법/습득한 지식 및 기술을 실전적으로 적용해 본 사례/전문성을 객관적으로 확인한 경험/전문성 향상을 위해 교류하고 있는 네트워크/경험의 진실성을 증명할 수 있는 근거가 잘 드러나도록 기술)

4. 혼자 하기 어려운 일에서 다양한 자원 활용, 타인의 협력을 최대한으로 이끌어 내며, Teamwork를 발휘하여 공동의 목표 달성에 기여한 경험에 대해 서술해 주십시오.
   (관련된 사람들의 관계(예, 친구, 직장 동료) 및 역할/혼자 하기 어렵다고 판단한 이유/목표 설정 과정/자원(예, 사람, 자료 등) 활용 계획 및 행동/구성원들의 참여도 및 의견 차이/그에 대한 대응 및 협조를 이끌어 내기 위한 구체적 행동/목표 달성 정도 및 본인의 기여도/경험의 진실성을 증명할 수 있는 근거가 잘 드러나도록 기술)

각 문항은 700~1000자, 10단락 이내로 작성하면 된다. 계열사와 직무에 따라선 한두 문항 정도가 추가될 수 있다.

간혹 '자소설'을 썼다가 낭패를 본 지원자들이 있는 만큼 최대한 솔직하게 쓰는 게 중요하다. SK 채용 경험이 있는 한 지원자는 "자기소개서에 토익 점수를 올리기 위해 노력한 것을 잔뜩 썼다가 면접에서 '영어로 자기소개를 해보라'는 질문이 나와 당황했다"고 말했다. 자기소개서가 면접 시 질문의 근거가 된다는 점을 꼭 고려해, 면접에서 돋보일 수 있도록 자기소개서 단계부터 치밀하게 준비해야 한다.

*출처: 잡스엔 안중현 (작성일: 2017. 9. 6.)
https://1boon.kakao.com/jobsN/59ae73d06a8e510001123fd5 (방문일: 2017. 9. 20.)

〈자기소개서 샘플1〉

국경을 초월한 태권도 해외파견사범을 꿈꾸며

–글로벌 태권도 수련생들과의 만남

제가 다닌 태권도장의 관장님은 국내외로 매우 유명하신 분입니다. 그래서 저는 중고등학교 시절부터 관장님을 찾아온 외국인 수련생들과 만나며 운동을 할 수 있는 기회가 많았습니다. 외국인 수련생들과 같이 훈련할 뿐만 아니라 제가 직접 그들을 가르치기도 했는데 그 때마다 외국인 수련생들의 비슷한 태도가 지금 해외파견사범을 지원할 생각을 만들어 주었습니다. 그들과 도장에서 같이 운동을 했을 때, 그들은 저에게 집중하고 사소한 것 하나라도 더 배워가려는 태도를 보여주었습니다. 남녀노소·국적·인종의 구분 없이 모두가 태권도에 대한 배움의 열정을 가지고 있었고, 제가 그들에게 기술 수행에 작은 도움이라도 주면 고마워하며 바로 습득하기 위해 열심히 연습을 하였습니다.

한번은 싱가폴에서 온 수련생에게 동작에 대한 이해를 돕기 위해 품새 동작의 쓰임과 용어를 설명해 준 적이 있었습니다. 그 때 그는 펜과 종이를 가져와 제 말을 정리하며 연습했고, 유럽에서 온 한 수련생은 제 영상을 받아 개인 연습 시간 동안 영상을 보며 반복 연습을 하기도 했습니다. 그들을 가르치면서 전문 지도자가 된다면 저런 태도의 수련생들을 가르치고 싶었고, 이에 해외파견사범에 지원하게 되었습니다.

–이성과 감성을 갖춘 리더십

지도자는 친절하면서도 객관적일 수 있어야 합니다. 저는 모든 상황에 적극적인 태도를 가지고 있지는 않지만, 남보다 한발 뒤에서 전체적인 상황을 판단하고 근본적인 해결책을 찾으려고 합니다. 예전에 외국인 수련생을 가르치던 중에 열심히는 하지만 자세가 높고, 흐트러지는 문제점을 계속 지적받는 수련생이 있었습니다. 그 학생에게 과거에 제가 겪었던 비슷한 문제를 알려주고 다음과 같은 구체적인 개선 방안을 알려주었습니다. 즉, 하체 근력이 부족한 수련생에게는 허리와 골반을 중심으로 한 하체 근력 운동 방식이 효과적일 것이라는 조언을 해주었습니다. 제가 나중에 해외파견사범이 된다면 냉철한 판단력으로 수련생들의 문제점을 발견하고, 이에 대해 실제적인 개선안을 제시할 수 있는 지도자가 되고 싶습니다.

–태권도 지도자의 꿈을 심어주신 어머니

제가 태권도 선수의 길을 걷게 된 것은 어머니의 영향이 큽니다. 어머니께서는 예전에 도장에서 선수들을 가르치시는 지도자이셨습니다. 저희 남매를 키우시느라 전업주부가 되셨을 때에도 저와 동생의 승품 심사를 위해 집 뒤에 있는 성당 공원으로 데려가 품새를 바르게 외울 때까지 연습을 시키기도 하셨습니다. 야외 공간에 많은 사람들 앞에서 저희들을 연습시키셔서 나중에 저희가 승품 심사를 받을 때 떨리지 않도록 담력을 키워주셨습니다. 잠시나마 어머니께 태권도를 배웠을 때, 성공할 때까지 포기하지 않는 끈기와 인내심을 배웠습니다. 이는 제가 지금 선수 생활을 할 때뿐만이 아니라 앞으로 지도자의 길을 걸을 때에도 꼭 지켜나가야 할 덕목이라고 생각합니다.

　－ 해외파견사범으로서의 포부

　'서당 개 삼 년이면 풍월을 읊는다'는 속담이 있습니다. 중고등학교 때부터 많은 외국인 수련생들과 운동하고 그들을 가르치는 사범님의 모습을 보며 조금씩 따라했습니다. 그리고, 영어 등 외국어 공부를 열심히 하여 태권도와 관련된 기본 설명은 자신 있게 할 수 있습니다. 제가 파견사범이 된다면 제 전공인 품새를 살려 태권도의 기초부터 응용까지 차근차근 다시 쌓아갈 수 있게 도와줄 것입니다. 태권도의 바른 자세를 알고 동작의 쓰임, 동작을 표현하는 법, 정확한 위치, 힘을 효율적으로 사용하는 법을 익혀 숙련된다면 시합과 시범까지 나아가 지도할 수 있습니다. 제대로 배우고 싶은 열정이 있다면, 그들에게 제 경험과 지식을 공유하고 그들이 만족할 때까지 포기하지 않고 끝까지 달릴 수 있는 사범이 되고 싶습니다.

(학생 글) 태권도경기지도학과

〈자기소개서 샘플2〉

민중의 지팡이가 되는 그날까지

　경찰을 꿈꾸기 전 저는 경찰이 범죄자를 잡으러 다니는 사람이라는 단편적인 생각을 갖고 있었습니다. 그런 인식을 바꾼 것은 중학교 3학년 때 한 할머니의 전 재산인 리어카를 찾기 위해 온 동네를 돌아다닌 경찰관에 대한 기사를 읽었을 때였습니다. 기사를 읽고 경찰은 꼭 드라마 같은 추격전을 치르지 않아도 시민들에게 작은 도움이라도 필요하면 달려가고, 위험한 상황에 나서서 책임을 다하는 멋진 직업이라는 것을 알게 되었습니다. 그래서 저도 누군가에게 행복과 믿음을 안겨주고 언제나 도움을 줄 수 있는 민중의 지팡이가 되겠다고 결심했습니다.

　이 사건을 계기로 고등학교에 진학 후 경찰행정학과를 전공으로 하는 대학에 합격하기 위해 학업에 집중하게 되었습니다. 공부하고는 거리가 멀었던 중학생 시절을 보낸 후 고등학교에 올라와 공부를 하려고 보니 처음에는 힘들고 포기하고 싶을 때도 많았습니다. 그럴 때마다 부모님과 선생님의 격려로 꿋꿋이 공부를 하였고 노력한 만큼 성적이 점차 올라 제가 원하던 ○○대학교 경찰행정학과에 합격할 수 있었습니다.

　고등학교 2학년 때 참가한 '나의 꿈 발표대회'는 꿈에 확신을 갖는 계기가 되었습니다. 대회에 참가해 형식적인 발표나 막연한 미래의 저를 상상해서 말하기보다는 색다른 방식으로 제 꿈을 많은 사람들 앞에서 공언하고 싶었습니다. 그래서 20년 뒤 우수 경찰이 된 저를 상정하고, 지금의 저처럼 경찰을 꿈꾸는 학생들에게 어떤 조언을 해줄 수 있을까 생각하며 특강 형식의 발표를 했습니다. 이 발표를 준비하면서 정의로운 경찰을 꿈꾸게 된 중학교 3학년 때부터 지금까지 노력해온 과정을 되돌아볼 수 있었습니다. 그 모든 시간을 모아보니 다시금 꿈에 대한 간절함과 믿음을 확신할 수 있었습니다. 또한 경찰이 된 미래를 생각하며 꿈을 더 구체화시키고, 한층 더 높은 목표를 꿈꿀 수 있게 되었습니다. 대회 날, 참가자 중 유일하게 대본 없이 발표를 하면서 너무 떨렸습니다. 하지만 준비한 발표 내용의 전부가 그동안 저의 노력으로 만들어진 진짜였기 때문에 떳떳하게 발표를 마칠 수 있었습니다. 대회가 끝난 뒤 '너는 꼭 좋은 경찰이 될 거다'라는 친구들의 진심 어린 격려 또한 저에게 큰 자신감을 불어넣어 줬습니다.

○○대학교 경찰행정학과에 재학하는 동안 경찰학개론, 형법, 민법, 행정학원론 등 경찰이 되기 위해 필요한 학문을 배웠습니다. 그 중에서도 〈경찰학 개론〉이라는 수업을 들으면서 우리나라 경찰의 역사와 경찰조직, 해외의 경찰조직의 구성, 경찰의 이념, 도덕성 등을 배웠습니다. 이 수업을 통해 경찰이 된 후 제가 가고 싶은 부서에 대해 깊이 있게 알게 되면서 경찰의 꿈에 한층 더 가까워졌습니다. 또한 여러 학우들과 함께하는 생활, 다양한 경험 속에서 리더십, 협동심 등의 여러 인성적 측면에서의 성숙도 이뤄낼 수 있었습니다.

저는 항상 일을 시작할 때 상대방을 먼저 배려하고 매사에 긍정적입니다. 그리고 대학 시절에 임원 활동을 하면서 리더십을 키워 사람들을 잘 이끌 수 있습니다. 또한 저는 사교성이 뛰어나 인간관계를 쉽게 형성할 수 있습니다. 다만 저의 꼼꼼함 때문에 일을 할 때 다소 오래 걸릴 때가 있는데, 저는 이 꼼꼼함이 나중에 실수를 만드는 것을 줄일 수 있다는 점에서 장점으로 생각하고 있습니다.

제가 경찰이 된다면 경찰청의 생활안전과에서 경찰의 길을 시작하고 싶습니다. 범죄 예방부터 각종 안전사고 예방까지 경찰의 기본적이고 전반적인 업무를 책임질 것입니다. 또한 학교 전담 경찰관으로서 학생의 안전을 보호하고, 방황하는 청소년들이 바른 길로 나아갈 수 있도록 인도할 것입니다. 무엇보다도 시민들의 가장 가까이에서 근무하며 언제든지 도움을 청할 수 있는 경찰관이 되겠다는 포부를 항상 마음속에 새기며 그 다짐을 지킬 수 있도록 노력하겠습니다.

(학생 글) 경찰행정학과

1 나 자신의 특징을 발견하기 위해 다음 질문을 읽고 간단히 서술해보자.

(1) 내가 앞으로 하고 싶은 일은 무엇인가?

(2) 나는 무슨 일을 잘 할 수 있는 사람인가?

(3) 나는 어떤 가치관을 갖고 살아가고 있는가?

(4) 내 인생의 전성기는(혹은 위기는) 언제였나?

(5) 내 별명이 있다면 그 이유는? (혹은 별명이 없다면 그 이유는?)

(6) 내가 닮고 싶은 혹은 존경하는 사람은 누구인가? (내 인생의 역할 모델)

2 다음 중 한 가지 유형을 선택하여 나만의 〈자기소개서〉를 작성해보자.

(1) 입사용 및 진학용 (취업 또는 대학원 진학용)
1) 성장 과정
2) 성격 소개
3) 학창 시절
4) 입사(대학원) 지원 동기
5) 희망 업무 및 포부
6) 해당 분야(업무상) 특기 사항

(2) 대학 생활 소개용
1) 내 인생의 전성기
2) 성격, 가치관 소개: 기타 특기, 장점 등
3) 대학 학과 지원 동기
4) 대학 생활 + 진로 계획
5) 내 인생의 역할 모델: 존경하는 인물, 본받고 싶은 사람

(3) 기타: 자유로운 내용과 형식(자아 성찰 및 탐색 등)

3장. 문화비평문

(1) 개념

문화비평문이란 문화텍스트를 감상하고 이해한 후 해석하고 평가한 글이다. 문화텍스트의 범위는 문화 현상 전반을 아우르는데, 추상적으로는 특정 시대에 유행하는 문화 트렌드(경향)나 이데올로기와 관련되기도 하고, 구체적으로는 특정 문화 작품에 한정되기도 한다. 구체적인 문화텍스트로는 영화, 연극, 뮤지컬, 드라마, 대중가요, TV·라디오 프로그램, 웹툰, 컴퓨터 게임, 스포츠, 패션, 광고, 유행어, 축제 등을 들 수 있다.

(2) 작성 요령 및 유의사항

문화비평문을 작성하기 위해서는 우선 대상 텍스트를 꼼꼼히 읽고 정확하게 이해하는 능력이 필요하다. 해당 작품을 비평자가 정확하게 이해하고 정리해야 한다. 이 때, 작품 내용을 단순 요약하는 차원이 아니라, 본인이 설정한 주제를 중심으로 논점을 세우는 것이 중요하다. 그리고, 작품 창작자의 작품 경향을 살펴보아야 하며, 창작 당시의 사회, 문화적 배경 등에 대한 정보를 파악해야 한다. 창작자의 기획 의도나 관점 등이 작품에 어떻게 투영되었는지를 살피는 일도 필요하다.

또한, 전달 매체와 장르의 특성을 꼼꼼하게 고려해야 한다. 예를 들어 동일한 작품이라 할지라도 웹툰을 원작으로 하는 작품이 드라마나 영화 등으로 각색된 경우에는 각 전달 매체의 특성을 고려하여 분석하여야 한다. 웹툰이라는 장르가 갖는 특성이 영상 매체인 드라마나 영화로 동일하게 구현되지 못 할 수도 있기 때문이다. 대중 가요를 분석할 때에는 노래 가사, 가창 방식, 리듬, 율동 등의 요소를 중심으로 분석할 수 있다. 만약, 대중 가요를 현대시와 동일한 기준으로 비교 분석한다면 여러 가지 오류를 범하게 될 것이다.

문화비평문을 쓰기 위해서는 유행을 감지하는 감수성이나, 시대의 흐름을 읽어내는 통찰력이 필요하다. 한 시대에 특정한 문화텍스트가 유행한다면 반드시 그와 관련된 사회 문화적인 배경이 존재한다. 일례로, 우리나라 청년 문화를 살펴보면, 예전의 동아리나 집단 문화로 청년층이 대변되었던 것과는 달리, 2000년대 이후에는 혼밥·혼술·아웃사이더 문화라는 새로운 경향이 나타난 것을 들 수 있다.

이처럼 문화비평문은 특정한 이데올로기나 생활 방식, 문화 현상 등을 포함하며 그것을 단순히 개인적인 차원에서 감상하는 수준이 아니라, 특정한 문화 현상이 나타나게 된 사회 문화적인 맥락에 근거하여 의의가 드러나도록 작성해야 한다.

그리고, 문화비평문은 비평자 본인의 시각으로 개성 있게 평가해야 한다. 이를 위해서는 해당 작품에 대한 기존 평가를 미리 살펴보는 작업이 필수적이다. 기존 평가와 동일한 견해를 반복해서 제시하는 것보다는 새로운 시각이나 방법론을 적용하여 비평하려는 태도가 필요하다. 그리고, 해당 작품을 분석하고자 하는 요소를 중심으로 구체적인 키워드를 도출한다. 주요 키워드를 비평문의 전체 제목, 각 장의 소제목 등으로 활용하면 보다 개성 있는 비평문을 작성할 수 있다.

(3) 구성 내용

1) 서론:

① 비평 대상을 선택한 동기
② 비평 대상 작품의 장르나 관련 사조 서술
③ 작품 창작자의 기획 의도와 작품 경향성 제시
④ 해당 텍스트를 어떠한 시각과 방법론으로 평가할 것인지 제시

2) 본론:

① 해당 작품의 전체 내용 간략 소개
② 비평자가 주로 분석 평가하고자 하는 요소의 특징 제시
  (예) 서사물의 경우: 인물·사건·배경·주제 등 분석 가능
③ 각 부분 서술 시 비평자가 인상적으로 보았던 부분에 초점을 맞추어 핵심을 드러냄

3) 결론:

① 비평 대상의 의의와 시사점 제시 (사회문화적인 맥락 감안)

② 해당 작품의 한계가 있었다면 간략하게 언급

   (전체 비평문의 의의와 가치를 훼손시키지 않는 범위 내에서 서술)

③ 관련 분야에 대한 전망 제시

④ 본론의 단순 요약이 아니라, 해당 작품의 의의와 가치를 강조하면서 마무리

1 동일한 작품을 다른 관점으로 평가한 다음 문화비평문의 특징을 살펴보자.

예문 1

'미생'의 네 가지 미덕

〈미생〉은 10월17일 첫 회가 방송된 〈티브이엔〉 드라마로, 최고시청률 6%를 기록하며 연일 화제가 되고 있다. 장그래(임시완)는 프로 바둑기사로 키워졌으나 실패하고, '낙하산'으로 무역 상사 인턴이 된다. 고졸 검정고시가 최종학력인 그는 직장생활은 물론이고 학교생활 경험마저 없는 탓에, 회사라는 조직에서 완전히 외톨이가 된다. 그러나 그는 자신의 실패를 '노력이 부족했던 탓'으로 규정짓고, 필사의 노력을 경주한다. 그는 바둑에서 익힌 전략과 전술을 바탕으로 점점 적응력을 키워간다.

〈미생〉은 〈이끼〉 등 조직의 생리를 무서우리만치 묘파해내는 윤태호 작가의 웹툰을 바탕으로, 입체감 있는 각색에 성공한 드라마이다. 영화를 보는 듯 빠르고 치밀한 연출에, 주·조연 모두의 연기신공이 놀랍다.

〈미생〉은 현실의 질감을 잘 살린 직장드라마인 동시에, 현실의 논리를 뛰어넘는 윤리를 담은 드라마이다. 〈미생〉을 리얼리즘과 휴머니즘을 동시에 지닌 드라마로 꼽을 수 있는 미덕을 꼽자면 다음과 같다.

첫째, 손쉬운 판타지의 길을 가지 않는다. 여느 드라마였다면, 인턴 팀 발표 시험장면에서 뺀질거리던 동료 한석률(변요한) 대신 나선 장그래가 청산유수로 발표하는 모습을 보여주었을 것이다. 하지만 그것은 판타지이다. 발표를 준비하지 않은 장그래가 한석률보다 더 잘 하기는 어렵다. 대신 드라마는 장그래가 개인발표 장면에서 한석률을 넘어서는 모습을 보여준다. 카타르시스를 주기엔 더디지만 이편이 훨씬 현실적이다.

둘째, 쉽게 악역을 만들지 않는다. 초반에 장그래가 따돌림을 당할 때, 누군가 의식적인 따돌림을 행하는 것보다 각자 바쁘게 일하며 돌아가는 사무실을 장그래가 빙 둘러보며 "저런 암묵적인 일사분란함은 무엇을 얼마나 나눠야 가능한 것일까?"하며 생각하는 대목은 더 큰 외로움을 전달한다. 또한 드라마는 부분적인 다중시점의 차용으로, 다른 이들의 입장을 보여준다. 오 과장(이성민)에게도, 한석률에게도, 장백기에게도 그들만의 애환이 있다는 것을 드라마는 그들의 내레이션과 시점숏을 통해 보여준다.

셋째, 여성 직장인의 입장을 담는다. 첫 회에서 몸매가 드러난 옷을 입은 안영이(강소라)가 바이어에게 엉덩이를 잡히는 장면은 곧 이은 반전을 통해 반여성적인 시각을 반성하게 만든다. 흔히 여성들이 섹슈얼리티를 이용하려 든다거나, 성추행을 업무의 연장인 양 그리는 것은 여성 직장인들을 여전히 성적 대상으로 보는 시각에서 연유한 것이다. 드라마는 가장 유능한 인턴이었던 안영이가 남성중심적 부서에서 홀대당하는 모습이나, 육아로 힘든 신 차장의 모습을 통해 일과 가사를 양립할 수 없게 만드는 직장문화를 비판한다.

넷째, '살아남아야 한다'는 것 이상의 윤리를 보여준다. 밟고 밟히는 직장생활에서 살아남으려면 '호구'가 되지 않아야 한다. 그것을 겨우 터득한 장그래는 우유부단한 성격으로 거래처에게 '호구'가 된 박 대리를 도와 그를 위기에서 구한다. 그리고 "무책임해지세요"라고 조언한다. 장그래로 인해 용기를 얻은 박 대리는 정면으로 문제를 제기할 뿐 아니라, 자신의 책임을 다하는 방식을 통해 상생한다.

물론 이것조차 판타지일 수 있다. 장그래에게 인턴의 기회가 주어진 것이나, 오 과장처럼 속 깊은 상사가 있는 것이나, 정면승부로 상생의 길을 연다는 것 모두 판타지일 수 있다. 그러나 한 가지만은 분명하다. 장그래처럼 맑은 눈빛과 특별한 노력으로 다른 이와 스스로를 추동해 낼 수 있다면, 거기엔 희미하나마 '나아가는 길'이 열릴 것이다. 미생이 아닌 완생에 다가갈 것이다.

* 황진미(대중평론가), 『한겨레신문』, 2014. 11. 7.

(1) 위 글의 제목에서 제시한 〈'미생'의 네 가지 미덕〉이 무엇인지 내용에서 찾아보고, 그에 대해 평가해보자.

(2) 〈미생〉과 같이 원작이 웹툰인 작품이 드라마나 영화로 개작되었을 때의 효과에 대해 논의해보자.

장그래를 보라

윤태호 작가의 동명 웹툰을 원작으로 한 드라마 〈미생〉에 대한 호평의 이유는 다양하다. 많은 이들이 이 드라마를 보며 자신의 직장생활을 떠올리게 된다는 측면이 그중 독보적이다. 직장생활을 하는 이들은 말할 것도 없고, 아직 학교에 있는 대학생들마저 '인턴'과 '비정규직 사원'이라는, 자신들이 곧 경험하게 될 세계를 미리 간접 체험한다. 수업 시간에 〈미생〉에 대한 감상을 물었더니 한 학생은 이렇게 말했다. "무서워요."

실제로 〈미생〉에서 '상사맨'의 일상은 하나의 전투처럼 그려진다. 그러나 이 전투는 바둑에서처럼 두 사람의 대결만으로 끝나지는 않는다. 위계서열의 맨 아래에 있는 장그래는 자신의 미숙함에 대고 발사되는 거친 언어의 총탄들을 맞으며 산다. 사원은 대리에게, 대리는 과장에게, 과장은 부장에게, 부장은 전무에게 '소리'를 듣는다. 모두가 아군이지만 동시에 적군이며, 계약을 성사시키는 작전 속에서 하나가 되지만 작전이 실패할 때는 처절히 깨진다. 회사는 전쟁터와도 같으며, 대중의 공감은 자신 역시 그 전쟁터에서 살아가고 있다는 데서 발생한다. 직장이든, 거리든, 대학이든 한국 사회는 그렇게 끝없는 전투가 벌어지는 하나의 거대한 전쟁터이기 때문이다.

〈미생〉이 그리는 이 직장 혹은 전장의 풍경은 '리얼'하지만, 그것이 그저 가혹한 방식으로 리얼하기만 하다면 이 정도의 공감을 얻지는 못했을 것이다. 〈미생〉에는 가혹함의 그물을 뚫고 발산되는 '휴머니즘'이 있다. 오 과장은 장그래에게 소리를 지르지만, 동시에 다른 팀의 상사들로부터 장그래를 보호한다. 안영이는 장그래의 진정성에 내심 끌리고, 장그래는 독백을 통해 약자로서 살아가는 심정을 절절하게 쏟아낸다. 한국인들이 흔히 말하듯, 직장생활 속 애환의 핵심은 결국 '인간관계'인 것이다. 드라마에 옥상장면이 자주 등장하는 이유는 그곳이 진짜 '인간관계'가 드러나는 공간이기 때문이다.

가혹한 직장생활과 따뜻한 휴머니즘을 결합함으로써 널리 공감대를 형성하는 〈미생〉은 사실 바로 그렇기 때문에 지극히 이데올로기적이기도 하다. 가혹한 전쟁터에서도 한줄기 인간미는 살아있고, 그것 때문에라도 우리는 이 험한 세상을 살아갈 수 있다는 어떤 체념 섞인 확신을 건네주는 것이다. 여기에 더해 〈미생〉은 신자유주의 시대에 널리 선전되는 가치를 체화하고 있기도 하다. 회사 내의 작은 부정에 민감하지만 큰 틀에서는 모든 것을 자신의 부족함 탓으로 여기는 주인공 장그래를 보라. "열심히 안 한 것은 아니지만 열심히 안 해서인 걸로 생각하겠다"는 그의 유명한 독백은 전형적으로 자본의 모순을 개인의 '열심' 문제로 환원시키는 자기계발론의 가치관을 드러낸다. 심지어 그의 이름은 '그래'(yes), 곧 우리 시대 자본이 외치는 긍정성 그 자체. 고졸 검정고시 출신에 스펙도 없지만, '그래,' 열심히 하면 끝내 인정받을 수 있다는 것이다.

오 과장, 김 대리, 장그래로 이어지는, 시청자가 동일시하는 주인공들은 바로 그 '열심'과 '그래'의 정신으로 살아간나. 이들의 모습에 대한 애틋한 시선은 직장 바깥, 자본 외부에서 펼쳐질 수 있을 다양한 실험적 삶에 대해 상상할 여지를 차단한다. 우리 시대 자본주의가 생산하는 대중문화는 전쟁터와 같은 기업의 가혹함마저도 모두 개방하면서도, 동시에 사람들이 그 기업을 동경하게 만든다. 대중문화를 통해 자본의 모순은 이렇게 '공감'을 유발하며 '나의 부족함'을 돌아보게 하는 방식으로 공기 중에 녹아 사라진다. 씁쓸하게도, 드라마가 끝나고 실제 우리가 보는 현실은 '그래!'를 외치다 지쳐 자살을 선택하는 노동자들의 행렬이다.

* 문강형준(문화평론가), 「한겨레신문」, 2014. 11. 8.

(1) 위 비평문의 제목에서 '장그래'라는 주인공의 이름을 내세운 이유와 효과를 평가해 보자.

(2) 위 글이 〈예문 1〉과 동일한 〈미생〉 드라마를 어떠한 관점에서 다르게 평가하고 있는지 비교 · 대조해보자.

'장그래'들과 청년취업 난제

이른바 '성과사회'가 강한 압박을 발휘하는 한국 사회에서, 청년층 절대다수는 '개미지옥'이라 불리는 취업의 난과 무한경쟁에 내몰리고 있는 불안의 주체들이다. 교육자로서 필자는 취업을 앞두고 '자기 관리'와 '성장'의 무한 압박 속에 자격증을 따고, 영어 점수를 올리며 스펙을 쌓고, 인턴과 봉사활동으로 경험과 안목을 넓히며, '자소설'로 통칭되기도 하는 자기소개서를 무수하게 변주하는 청년주체들을 자주 접하게 된다.

이들 중 대다수는 과거의 대학생들과 비교할 때 훨씬 더 배가된 노력을 스펙쌓기와 취업준비 과정에 투사하지만, 여전히 험난한 구직의 두드림 속에서 다음 단계로의 순조로운 이행보다는 낙담과 실망, 내몰림을 경험하게 된다.

강의실과 연구실에서 만나는 졸업을 앞둔 학생들은 온갖 노력을 경주하는데도 왜 이리 구직이 어렵냐고 고개를 떨군다. 혹자는 필자와 같은 고도성장 시기 구직의 어려움을 크게 겪은 바 없는 기성세대에게 당신들은 이른바 "꿀 빤" 세대가 아니냐며, 자신들이 접하는 현 상황의 엄혹함과 유의미한 수준의 제도적인 해결책이 부재하며 문제의식도 없는 사회상에 불안감과 울분을 토로한다.

온라인과 SNS상에서도 청년층이 대면하는 극심한 구직의 어려움과 더불어 점화되고 있는 세대 간 갈등, 청년주체들이 발현하는 깊은 체념의 단면들을 어렵지 않게 접할 수 있다.

이러한 부인할 수 없는 현실을 목격하면서, 대중문화는 이들이 대면하는 팽배한 사회경제적인 불안감과 낙담을 부분적으로 포착하고 재현한다. 주지하다시피 큰 화제와 반향을 견인했던 드라마 〈미생〉은 장그래라는, 대학도 나오지 못한 그리고 프로 바둑기사가 되겠다는 꿈이 좌절된 한 청년주체가 종합상사에 인턴 사원으로 우여곡절 끝에 입사해서 겪는 생존과 차별을 둘러싼 단면과 애환을 생동감 있게 그려낸 바 있다.

이 텍스트는 웹툰이라는 다수의 청년층이 주목하는 콘텐츠에 기반을 두면서 바둑(판)의 은유를 통해서, 고군분투하는 한 청년의 직장에서의 고단한 여정과 위태로운 삶을 완성도 높게 풀어냈다.

드라마 〈미생〉은 장그래의 '인정'받기 위한 피나는 노력과 길 찾기를, 주로 과업으로서의 업무와 인간관계 등의 제반 요소들 속에서 그가 체득하게 되는 깨달음이나 이러한 환경 속에서 벌어지는 구체적인 사건들을 중심으로 감각적으로 보여주며, 동시에 적지 않은 현실 환기효과와 정서적인 공명을 생성해냈다. 대학을 졸업했건 그렇지 않건 간에, 미래의 희망이라고 혹은 "아프니까 청춘"이라고 수사적으로 호명되는 청년세대원들은 장그래의 분투하는 모습에서 자전적인 동일시와 감정적인 편린을 혹은 자신의 미래상 일부를 느끼게 된다.

이들 중 혹자는 그래도 장그래는 고졸 검정고시 출신임에도 인맥이 있기에 낙하산으로 일할 기회를 거머쥐게 되었으며, 종국에는 본인의 용기와 '비범한 역량'으로 자신의 갈 길을 찾아내지 않았느냐고 반문하거나 회의할지도 모른다.

청년층이 맞닥뜨리는 취업의 어려움과 실업에서 유발되는 심각한 집합적인 경고음과 위기감이 축적되는 사이, 언론은 정부가 노동시장 개혁과 청년 일자리 문제 해결을 위한 정책을 모색한다는 소식을 전한다. 응당 추구할 사안이지만, 발표된 내용을 들여다보면 별반 새로울 것이 없으며 근본적인 문제의식이 경시되어 있다고밖에 말하기 어렵다.

단적으로 말해 구직의 주체인 청년층이 정규직이 아닌 인턴으로 입사할 때 그 귀결점은 충분히 예측 가능하며 이 대목에서 정부가 추진하는 개혁의 핵심이라 할, 경제부총리가 현재 정규직이 과보호되고 있는 반면에 비정규직은 덜 보호되기에, 기업이 이러한 이유와 부담으로 정규직을 못 뽑고 비정규직이 양산되고 있다는 요지의 문제적이며 편향적인 발언을 한 기억이 포개지기도 한다.

차제에 주요 정책입안자와 정치인들 그리고 오피니언 리더들에게 권한다. 〈미생〉을 성찰적으로 다시 찾아보고, 청년 구직자들이 쓴 다양한 자전적인 기록과 비평문이라도 정독하면서 해법의 실마리를 추구해보라고. 또한 보여주기식 간담회에 들러리 정도로 나오는 소수의 청년주체들 말고, 실제로 구직의 신산함을 온몸으로 겪고 있는 이들의 생생한 체험과 고심된 목소리를 허심탄회하게 경청해보라고.

아울러 언론인들에게는 짧고 평면적인 혹은 기계적 균형에 의지만 하는 뉴스 전달이 아닌 긴 호흡의 탐사보도와 현장취재 등을 매개로, 청년고용할당제의 현황이나 임금피크제의 허와 실을 보다 세밀하게 짚어달라는 부탁을 간곡하게 드린다. '의자놀이'라는 원하지 않는 게임 속에 내던져진 아이들이, 불안해하고 낙담하는 누군가의 딸이자 아들인, 이들이 보고 있지 않은가.

* 이기형(경희대 언론정보학과 교수), 『경향신문&경향닷컴』, 2015. 8. 4.

(1) 위 글에서 드라마 비평을 바탕으로 실제 사회 문제에 대한 논의를 어떻게 심화, 확장하고 있는지 논의해보자.

(2) 위 비평문의 내용 중 앞의 〈예문 1, 2〉와 차별되는 요소를 평가해보자.

2 다음 문화비평문을 읽고, 물음에 답해보자.

직장 내 아웃사이더 꼭 잘못인가?- 자발적 아웃사이더를 위한 헌사

최근 취업포털 잡코리아에서는 직장인들의 '아웃사이더' 인식에 관한 설문조사 결과를 모아 보도자료 형식으로 발표하였다. 직장인 1,402명에게 질문한 결과, 전체 응답자의 37.4%, 즉 10명 중 3.7명 꼴로 자신을 직장 내 아웃사이더로 여기고 있음이 나타났다. 특히 이 중에서도 자발적으로 아웃사이더가 되었다고 응답한 이들의 비율은 33.0%에 해당하였고, 자의 반 타의 반으로 아웃사이더가 되었다고 응답한 사람은 57.1%로 나타나 결과적으로 현재 자신이 아웃사이더라고 응답한 사람 중, 내심 아웃사이더가 되길 원하는 마음을 조금이라도 가지고 있었던 이들의 비율은 무려 90.1%에 달했다. 원하지 않았지만 결국 아웃사이더가 되었다고 응답한 비율은 9.9%에 불과했다.

직장 내 개인주의, 혹은 '다양성'의 발로가 심상치 않은 듯하다. 집단주의 문화의 향기가 짙었던 불과 십수 년 전만 하더라도 개인>조직은 성립할 수 없는 구도였다. 개인은 집단의 일부가 되어야 했고, 집단의 번영과 존속을 위해 스스로를 감추거나, 기꺼이 희생할 수도 있다는 인식이 있었다. 그러나 개인주의 바람이 분 지 꽤 오래되었고, 급변하는 사회문화적 분위기도 예사롭지 않다 보니 직장 내 풍속도 역시 많은 변화를 겪고 있는 것으로 보인다.

평생 직장의 개념이 쇠퇴하고, 자신의 적성과 흥미, 혹은 여타의 개인적/환경적 변수에 따라, 경제활동을 시작한 사회초년생은 사회적 은퇴시기에 다다를 때까지 최소 몇 가지 이상의 서로 다른 일들을 경험해보며 돈을 벌 수 있다는 생각이 강해졌다. 처음 직장을 평생 직장으로 여기던 시절에는 '이직', '퇴사'라는 단어의 무게가 상당했지만, 이제는 충분히 고려할 수 있는 선택지의 하나로 자리잡아 가는 분위기다. 심지어 자신의 가치관 따라, 흥미 따라 살아가는 삶에 대한 동경이 사회적으로 줄을 잇다 보니 '이직', '퇴사'라는 단어에 '쿨함', '당당함', '행복', '소확행', '욜로' 등의 세련된 이미지들까지 붙었다.

수직적 위계질서나 보다 밀도 있는 규모에서의 단합, 협동심 등을 중시하는 '전통적인'관료제 직장이라면 지금의 이 아웃사이더 현상이 반갑지 않을 것이다. 자기 할 일만 하고 쏙 퇴근하는 풍토가 고착화되면, 조직으로서 존재하기에 가질 수 있는 고유의 장점인 협력적 효율이 제대로 작동하지 못할 것을 우려할 것이다. 그런 직장에서라면 아웃사이더 현상을 일종의 '문제'로 여기려 할 것이다. 다음 스텝은 안 봐도 비디오다. 직원들이 왜 직장(일)에 흥미를 갖지 못하는지 걱정할 것이고, 어떻게 하면 협동심과 애사심을 길러줄 수 있을지를 고민할 것이다. (중략) 그러나 관점을 바꾸면 직장 내 아웃사이더 증가 현상이 마냥 부정적인 결과라고 이야기할 수는 없다.

사실 전제부터 위태롭다. 직장 내 아웃사이더 증가가 어째서 반드시 직장 내 협업의 감소 및 효율성 저하로 연결된다고 생각하는가? 다르게 생각하자면, 이는 협업의 소멸이 아니다. 단지 협업이 이뤄지는 방식과 목적이 기존과 달라지고 있다고 보는 것이 옳다. 수직적이고, 몰개성적이며 질보다는 양으로 밀어붙이던 기존의 방식 대신, 수평적이며 각자의 개성을 존중하는 한편, 양보다는 팀원 개개인의 고유 역량에 따른 업무 분배 및 시너지 효과를 유도하는 형태의 협업. 적당히 책임감과 의무를 나눠가지기에 그것에 개인이 지나치게 매몰되지 않으면서도, 부담이 덜 하기에 역설적으로 더 자유분방하고 홀가분한 몰입을 유도할 수 있는 형태의 협업. 그러한 새로운 형태의 협업이 가능해지기 위한 분위기가 조성되고 있다고 생각하면 어떨까? 그리고 이것이 기존의 방법보다 효율 면에서 더 낫다고 한다면? 이는 분명 사장님에게나 직원들에게 좋은 일이다.

한편, 사장님의 행복 공식과 직원들의 행복 공식이 서로 다를 수 있다는 점 또한 직장 내 아웃사이더 증가 현상을 마냥 부정적으로 볼 수 없는 또 하나의 이유가 된다. 직원들의 개성을 자르고 하나의 목표로 일치단결할 것을 강요하다보면, 어쩌면 사장님이 행복하고 직장이 배를 불리는 결과를 누릴 수는 있어도, 직원의 입장에서는 성취감도 잠시, 피폐함과 공허함, 그리고 막대한 피로와 스트레스성 질환들을 고된 노력의 결과로 받아들이게 될지도 모를 일이다. 그런 면에서 '회사가 잘되는 길'과 '내가 잘되는 길'을 어느 정도 구분하고, 아웃사이더를 자청하며, 알아서 자신의 행복을 찾아가려는 신(新) 직장인들의 모습은 어리석고 철없다기보다는, 야무지고 현명한 처사로 여겨져야 하는 것이 맞는지도 모른다.

("드디어 직장인들이 행복의 참 의미를 깨우치고 있다!")

행복은 유보될 수 없다. 그리고 스스로를 지우거나 희생해서는 결코 행복할 수 없다. 다수의 심리학 연구 결과들이 공통적으로 들려주는 교훈이다. 먼저, 나중에 행복하려면 지금 고생하고 벌어둬야 한다며 잦은 야근, 회식, 경직된 조직문화, 날 괴롭히는 직장 내 인간관계 등 다 참으려 하면 나중에는 행복 찾아 나설 체력이 남아날 수 없다. 상처뿐인 영광이다. 행복은 지금 내게 주어진 조건하에서, 최선을 다해 즐길 때 찾아오는 것이다. 나중에, 나중에 하다가 인생 즐기는 법을 까먹기라도 하면 어찌할 텐가. 노후가 되어 즐겁게 웃으며 떠올릴 추억 하나 제대로 남아 있지 않다면 얼마나 불행할 것인가.

또한, 행복과 가까운 심리학적 개념들로는 '자기(self-)' 시리즈가 주로 거론된다. 자존감, 자기효능감, 자기가치감, 진정한 자기 등등. 그런데 '아웃사이더'가 되지 못하고 직장에만 끌려다니게 되면 자신을 잃어버리는 것은 순식간이다. 그리고 자아가 실종된 상태에서는 행복을 찾아나설 수 없다. 자신이 추구하고 있는 것은 도대체 '누구를' 위한 행복이겠는가. 답을 알 수 없을 것이다. 그래서 직장 내 아웃사이더들, 즉 자기 행복 공식을 찾아 나서는 사람들의 존재와 그 태도는 소중하다. 어떤 일에서나 마찬가지이겠지만 부디 '아웃사이더'들과 '사장님'들이 훌륭한 타협점을 찾아 나서기를 바라는 마음이다.

* 허용희(심리학자, 마인드플레이팅 대표)
(https://brunch.co.kr/@yongheo/366), 2018. 8. 7.

(1) 위 글은 최근 문화 트렌드에 대한 비평자의 논평을 제시하고 있다. '자발적 아웃사이더'에 대한 비평자의 시각에 대해 정리해 보고, 이에 대해 평가해보자.

(2) 우리가 속한 조직 문화의 특성을 감안하여 '자발적 아웃사이더'의 의의나 한계를 생각해보자.

〈아이 캔 스피크〉 혐오의 시대에 도착한 연대의 영화

– 당신이 잘 지내기를 바랍니다

프롤로그: 위안부 피해자 강일출 할머니(89)는 자상하면서 당당했다. 영화 〈귀향〉(2015)의 모델인 강 할머니를 뵌 건 몇 해 전 일본 대학생들의 나눔의 집 방문을 취재하면서였다(경기 광주의 나눔의 집에는 현재 열 분의 위안부 피해 할머니들이 머물고 있다). 일본인 학생들은 "학교에서 가르쳐주지 않는 역사를 직접 듣고 나누는 노력이 중요하다고 생각했다"며 할머니들의 말씀에 귀기울였다. 강 할머니는 일본 젊은이들과 친절하게 마주하고 단호하게 할 말을 했다. 16살에 일본군에 끌려가 고초를 겪은 그는 장티푸스에 걸려 부대 밖에서 불에 태워지려던 와중에 조선 독립군의 도움으로 구출됐다. 기억을 꺼낼 때마다 상상조차 허락지 않을 고통이 떠오를 터였다. 일본에서 온 미래 세대와 대화하는 동안 할머니의 얼굴은 크게 변하지 않았다. 그 표정이 무너지면서 얼굴에 경련이 일고 말을 잇지 못하게 된 건, 먼저 세상을 등진 동료 할머니들에 대해 말할 때였다. 서로 의지하던 할머니들이 사죄 한마디 듣지 못한 채 한 분, 두 분 떠나갈 때면 이유 없이 미안한 마음이 앞섰다. 미국·일본 등지를 다니며 증언을 계속하고 있는 강 할머니는 연설을 마칠 때쯤이면 듣기 힘든 얘기를 늘어놨다면서 "미안합니다"라는 말을 하곤 한다.

– 미안하다, 미안해, 그리하여 다시 미안하다

〈아이 캔 스피크〉의 인물 사이를 가로지르는 핵심 정서는 미안함이다. 2017년 한국 사회에서 미안함이란 혐오의 반대편에 서 있는 감정이다. 그러고는 염치와 만나 연대를 낳는다. 이 영화를 '위안부 문제를 성공적으로 측면 돌파한 대중영화'라고 한다면 작품의 가치 중 한쪽 면만 평한 셈이 될 것이다. 〈아이 캔 스피크〉는 혐오와 몰염치의 시대, 지금 필요한 연대의 방식을 모색하고 있다. 20여 년간 한 구청에다 8천 건의 민원을 넣은 옥분(나문희)이 위안부 피해자라는 사실이 밝혀지면서 그를 미워하던 동네 사람들은 미안해한다. 구청 공무원 민재(이제훈)는 눈물 흘리며 죄송하다는 말을 거듭한다. 옥분은 그간 숨겨온 것에 미안해하고, 주변 상인들은 몰랐던 데에 미안해한다. 친구 정심(손숙)은 몸져 누운 모습을 보여 미안하고 남동생은 누나를 외면해 미안하고 옥분은 그런 동생을 끌어안고 흐느낀다. "미안혀, 미안혀…." 영화의 감정적 클라이맥스인 진주댁(염혜란)과 옥분의 오열 장면. 그간 아픔의 실체를 공유하지 못하고 있었음을 깨닫자 미안한 감정이 북받친다. 영화 전반에 걸쳐 주인공이 가장 격하게 흐느끼는 이 장면의 대사는 "미안해"다. 미 의회에서 옥분의 연설을 들은 많은 의원들 역시 입을 모은다. "I am sorry." 상영시간 1시간 10분여가 지나 옥분의 과거를 바라보게 되는 관객도 덩달아 미안하다. 잘못하지 않았어도 타인의 불행을 볼 때 마음속에 자생하는, 동서양을 막론한 공감의 감정이 바로 미안(未安·sorry)이다.

자신의 잘못이 연루되지 않은 비극을 대할 때 많은 이들은 미안함을 느끼지만, 어떤 이는 자신도 모르는 마음 깊은 곳 어딘가에서 우월감을 챙긴다. 예컨대 광화문과 팽목항에서 이제 지겨우니 그만하라고 삿대질하던 이들의 마음속에 미안함이란 존재하지 않는 감정이다. 옥분의 진실을 알기 전까지 동네 사람들은 뒤에서 수군댔다. 이건 초보적 단계의 혐오다. 몰랐기 때문이다. 겉모습만으로 상대의 인격까지 판단했다. 요즘 인터넷에선 말 한마디에 혐오의 대상도 되고 가해자도 된다. 대개 앞뒤 사정을 알게 되면 혐오는 미안함으로 바뀐다. 염치 있는 경우다. 미안함이 타인을 향한 따뜻한 감정에서 나온다면 염치는 자신을 향한 최소한의 냉정에서 비롯된다. 염치라곤 찾아보기 힘든 높은 단계의 혐오도 우리 주변엔 많다. 극중 일본인 로비스트들의 혐오는 최악의 단계다. 얼마 받고 이러느냐며 옥분에게 악다구니질하는 건 그들이 거짓을 말하기로 모의해서가 아니라, 자신을 속이고 있는지를 판단할 수단인 염치가 없는 탓이다. 그들에게 욕설을 날리려던 옥분과 민재가 서로를 다독이며 자제하는 것은, 스스로 혐오의 늪에 빠지지 않으려는 분별이다. 최근 적지 않은 상업영화들이 손쉽게 혐오의 감정을 소비하는 경향과 구분된다는 점에서 이 영화의 시의성은 뜻이 깊다.

– 줄 수 있는 것 이상을 나누는 연대

〈아이 캔 스피크〉가 혐오를 넘어 나아가고자 하는 목적지는 21세기적·여성적 연대. 피아식별이 또렷해야 했던 80년대식 배타적 연대와는 구분된다. 인물들은 같은 편에 서서 똑같은 역할을 수행하는 게 아니라 각자 위치에서 잘하는 걸 한다. 늙은 세대는 밥과 옷을 짓고 젊은 이는 외국어능력을 품앗이한다. 이 연대에서는 나의 희생은 적고 동료가 얻는 효용은 크다. 문명이 고도화할수록 자신의 위치에 맞는 연대란 어떤 방식일지 고민하게 해주는 대목이다. 극 초반 행정소송 꼼수를 제안했던 민재가 후반부 옥분의 피해자 신분을 입증하기 위해 철새 정치인인 구청장의 성향을 활용하는 아이디어도 이 같은 세계관의 연장이다. 할 수 있는 일을 하며 구현하는 실사구시. 영어를 가르쳐달라는 옥분의 부탁을 피하기만 하던 민재의 마음은 동생의 끼니를 챙겨준 (유사)어머니의 손길에 의해 열린다. 이쯤에서 휩싸이기 쉬운 모성애에 대한 강박 또한 영화는 지혜롭게 피해간다. 옥분과 민재가 만나고 갈등하며 화해하는 국면은 로맨틱코미디 서사의 그것으로, 이들의 사이는 보호–피보호 관계로 묶이지 않는다. 안부 고맙고 나는 잘 있으니 너도 잘 지내기 바라며("Fine. Thank you, and you?") 연대하는 동료로서 양쪽의 성장담을 동등하게 지지하는 형세다.

극 중 세대 간 연대를 낳는 것이 모성애라면 지역공동체의 연대를 키우는 건 자매애다. 진주댁을 비롯해 족발집 처녀(이상희), 활동가 금주 선생(김소진)으로 이어지는 여성들의 유대는 남자 하나 없이도 세상 든든하다. 배우자 없이 산전수전 겪어온 시장 여성 상인들은 뭇 영화에서처럼 보호받거나 폭행당하는 객체가 아닌 웬만한 풍파쯤은 스스로 버텨낼 주체로서 연대한다.

옥분의 출국을 앞두고 시장 상인들로부터 선물이 답지한다. 횟집에서 사골을, 건어물집은 한약을, 국숫집에선 내복을 전했다는 설정은 자못 중요하다. 횟집 주인은 민어탕을 끓여오는 대신 굳이 정육점에 들렀고, 건어물집 사장은 견과류로 비상식량을 챙겨 보냈어도 충분했으련만 고집스레 한약방을 찾았다. 상인들은 옥분에게 무엇을 어떻게 전해야 할지 의논했을 테다. 어쩌면 이 선물들은 정육점, 한약방, 내복가게 사장이 준 걸지도 모른다. 옥분은 우리가 본 것보다 훨씬 많은 시장통 사람들로부터 응원받고 있다. 지역공동체의 연대를 모색하는 이 영화의 각본은 이렇게 사려가 깊다. (후략)

* 송형국(영화평론가), 『씨네21』, 2017. 10. 10.

(1) 위 비평문을 통해 영화 〈아이 캔 스피크〉의 의의와 시사점을 정리해보자.

(2) 위 글을 바탕으로 특정 문제에 대한 우리 시대의 '혐오'와 '연대'의 양상에 대해 논의해 보고, 이에 대한 전망을 제시해보자.

3 최근 문화 트렌드와 관련하여 다음과 같은 화제로 문화비평문을 작성해보자.

① 청년 문화, 대학생 문화, 캠퍼스 문화

② 언어 생활, 의사소통 문화, SNS 사용 문화

③ 대중매체(영화, 드라마, 다큐, 뉴스 등)에서 다루어지는 사회적 소수자 문제

④ 스포츠 문화(운동 경기 문화, 관람 문화, 스포츠 동호회, 교육, 윤리 등)

⑤ 기타 대중 문화의 경향

4 최근에 직접 본 드라마·영화·연극·뮤지컬·웹툰·공연·전시회·운동경기 등에 대해 문화비평문을 작성해보자.

4장. 서평

(1) 개념

서평이란 책을 읽고 난 후에 이에 대해 비평하는 글이다. 독서감상문이 책에 대한 주관적인 느낌을 중심으로 서술하는 개인적인 글인데 비해, 서평은 책에 대한 감상을 객관화하여 사회, 문화적 맥락에서 공론화하는 글이다. 즉, 책에 대한 주관적 감상에 머무르지 않고, 객관적으로 책에 대한 가치를 평가하는 성격을 지닌다.

(2) 작성 요령 및 유의사항

서평을 작성하기 위해서는 먼저 1차 텍스트인 책을 꼼꼼하게 읽어야 한다. 책 내용을 충분히 숙지한 후에야 비판적인 문제 제기를 통한 창조적인 책 읽기가 가능해진다. 저자가 책을 쓴 이유와 주제를 제대로 파악해야 그에 대한 객관적인 평가를 할 수 있다.

서평을 작성할 때에는 저자의 주장이 수록된 책의 내용과 서평자의 의견을 명확하게 구분해서 서술해야 한다. 자칫하면 저자의 주장을 마치 서평자 자신의 견해인 것처럼 서술하는 오류를 범할 수 있으므로 유의해야 한다. 책의 내용을 인용한 부분은 인용 표시를 정확하게 하여 서평자의 견해와 반드시 구분해야 한다.

그리고, 서평을 쓸 때 책의 내용을 단편적으로 나열하거나 요약하기보다는 서평자의 논리를 펴는 방식으로 서술하는 것이 좋다. 책의 핵심 내용만을 중심으로 쓰다보면 서평이 아니라, 단순하게 줄거리를 요약하는 글에 그칠 수 있으므로 유의해야 한다.

좋은 서평을 쓰기 위해서는 양질의 책을 선별할 수 있는 안목이 있어야 한다. 당대에 유행하는 베스트셀러라고 무조건 추종하거나, 서평자의 수준에서 이해하기 어려운 책을 정해서 저자의 의도를 왜곡한다면 바람직하지 않다.

(3) 구성 내용

1) 서론:

① 책이 나오게 된 배경과 저자의 문제 의식 제시
② 책에서 문제 삼고 있는 내용과 핵심 주장을 간단하게 언급

  (책의 머리말에 제시된 저자의 저술 의도 활용)

③ 서평자의 판단 기준 및 글의 전개 방향 제시

2) 본론:

① 책의 구성과 내용을 일관된 기준과 논리적 순서에 따라 설명
② 저자의 입장에 대해 분석한 후에 그에 대한 평가
③ 책의 주요 내용 제시와 특징 분석
④ 책의 구성 방식이 내용을 전달하는 데에 효과적으로 작용했는지를 평가하는 것도 가능

3) 결론:

① 책의 의의와 시사점, 혹은 한계를 사회문화적 맥락에서 평가
② 특정 시기에 유행하는 주제나 장르가 있다면 그것이 시사하는 의미 도출
③ 관련 분야에 대한 전망 제시

1 책에 대한 다양한 글과 평론을 읽고, 다음 물음에 답해보자.

예문 1

『철학이 필요한 시간』 머리말

저는 책을 읽는 독자이면서 동시에 책을 집필하는 저자이기도 합니다. 그래서 그런지 저는 책이란 무엇인가에 대해 자주 생각하는 편입니다. 어린 시절부터 저는 책이란 알지 못하는 누군 가로부터 받은 편지와 같다는 생각을 자주 하곤 했습니다. 지금도 그렇지만 서점에 들러 새롭게 출간된 책들을 뒤적이다가, 제 마음을 동요시키는 책을 만나는 경우가 있습니다. 물론 모든 책 들이 저를 설레게 하는 것은 아닙니다. 아주 소수의 책만이 저를 흔들어 깨웁니다. 이런 경우 누가 저의 마음을 엿보기라도 하듯이 저는 서둘러 책을 구입하여 서점을 빠져나옵니다. 그리고 조용한 카페에 가서 커피를 마시며 한 장 한 장 두근거리는 마음으로 책장을 넘기곤 합니다.

삶의 고뇌가 쌓인 만큼 타인의 고뇌가 읽힌다고 했던가요? 페이지마다 아로새겨진 알지 못 하는 저자의 고뇌가 스펀지가 물을 흡수하듯이 제 마음에 젖어듭니다. 저자는 1,000여 년 전의 사람일 때도 있고, 어느 경우에는 저와 같은 시대에 살고 있으나 아주 먼 곳에 살고 있는 사람 일 때도 있도 있습니다. 엄청난 시공간을 넘어 책이란 매체를 통해서 저자가 저와 접속되었다 는 사실이 기적처럼 느껴지기도 합니다. 간혹 어떤 책은 저에게만 보내는 연애편지와 같다는 생각이 들기까지 합니다. 파울 첼란(Paul Celan, 1920-1970)이란 시인은 이렇게 말했던 적이 있습니다. 자신의 시는 "유리병편지(Flaschenpost)"와 같은 것이라고 말이지요.

아주 먼 곳에서 누군가는 외로움을 느낍니다. 물론 그의 외로움은 자신의 속내를 전해줄 사 람이 없기 때문이지요. 마침내 그는 자신의 속내를 정성스레 글로 옮겨서 유리병에 담습니다. 바람이 바다 쪽으로 부드럽게 부는 날, 마침내 그는 유리병을 힘껏 바다에 던집니다. 먼 바다로 흘러가서 보이지 않을 때까지 그는 유리병을 지켜봅니다. 그러고는 어떤 사람이 자신의 유리병 편지를 받을지 설레는 마음으로 집으로 돌아올 겁니다. 그가 바다에 던진 유리병편지는 수차례 의 거센 폭풍우를 뚫고 어느 낯선 바닷가에 도달하게 됩니다. 이것도 다행스러운 일이지만, 아 직 유리병편지에게는 남은 일이 있습니다. 모래사장에 올라온 유리병편지는 반쯤은 모래에 묻 힌 채 누군가에게 발견되기를 기다려야 하니까 말이지요.

유리병편지는 누군가에게 발견되는 것에 만족할 수가 없을 겁니다. 편지를 보낸 사람이 진정 으로 원하는 것은 자신의 편지가 누군가의 삶과 마음을 동요시키는 것이기 때문이지요. 만약 그렇지 않다면, 오디세우스와 같이 험한 바다를 방황했던 유리병편지는 자신이 도달해야 할 곳 에 이르지 못했다고 할 수 있습니다. 이렇게 사라진 유리병편지는 얼마나 많을까요. 모든 것은 자신을 필요로 하는 사람을 만났을 때에만 그 빛을 발할 수 있는 법입니다. 결국 유리병편지는 편지를 보낸 사람과 편지를 받은 사람이 마음과 마음이 연결될 때에만 자신의 존재 이유를 실현할 수 있는 것이지요.

지금까지 저는 수많은 유리병편지를 받았습니다. 발신자는 스피노자, 장자, 나가르주나, 원효 등과 같은 철학자였습니다. 매번 편지를 받아 펼쳐볼 때마다 저의 고독과 외로움은 경감되었을 뿐만 아니라 저는 인간적으로 성장할 수가 있었습니다. 그 편지들을 통해 제 사유와 삶이 외롭지만은 않다는 위로를 받았으며, 동시에 제 속내를 표현하는 관점이나 기법도 아울러 배울 수가 있었기 때문입니다. 이제 저는 그들로부터 받은 행운을 다른 사람들에게도 전하기 위해서 오늘도 조심스럽게 편지를 적습니다. 그러고는 정성스레 유리병에 담을 겁니다. 가끔 저의 책들이 서점 서가에 꽂혀 있는 것을 부끄러운 마음으로 보곤 합니다. 과연 어떤 사람이 저의 유리병편지를 꺼내 읽어 볼까요? 그 사람도 저와 마찬가지로 들뜬 마음으로 책장을 넘겨보게 될까요?

* 강신주, 『철학이 필요한 시간』, 사계절, 2011.

(1) 위의 필자가 책을 선별하는 기준은 무엇인가요? 여러분은 어떤 기준으로 읽고 싶은 책을 고르는지 이야기해보자.

(2) 위 글에 쓰여진 '유리병편지(Flaschenpost)'의 의미를 서술해보자.

2011년 8월 9일 『자기계발의 덫』 독서일기

(전략)

미키 맥기의 『자기계발의 덫』(모요사, 2011)은 1970년대 초부터 1990년대 말까지 『뉴욕타임스』 베스트셀러 목록을 오르내린 자기계발서를 검토하여, 우리가 무비판적으로 받아 삼킨 자기계발서의 정치적·경제적 이데올로기를 파헤친다.

자기계발서를 탐독한 독자들의 하나같은 푸념은, 지은이만 다를 뿐 내용이 비슷비슷하다는 것이다. 지은이는 이 점에 대해 "거의 모든 자기계발 서적은 상상력이 부족하고 다른 작품을 베껴 쓰는 것에 의존하기 때문에 새로운 어휘의 개발, 새롭고 진취적인 질문을 도출하는 데 기여하지 못했다."라고 맞장구를 친다. 많은 자기계발서는 항상 감사하라, 시간을 아껴라, 맡은 일에 충실하라, 신용은 무형의 재산이다 같은 성경의 잠언이나 고릿적 교훈을 정신의학이나 심리학과 같은 현대의 언어로 각색한다. 문제는 저런 처방이 개인을 극히 자율적이고 고립적인 존재로 가정한다는 점이고, 처방에 성공한 사람 역시 자율적이고 고립된 노력의 결과로 간주된다는 것이다.

자신을 바꾸라는 자기계발의 이데올로기는 자기계발의 필요를 느끼는 사람의 문제를 개인적인 자아의 문제로 축소하는 것으로 정치를 제거할 뿐 아니라, 가장 비정치적인 가능성에 혁명이라는 관념을 부여한다. 이런 식의 내면(정신) 혁명은 당사자가 겪는 결핍의 원인인 사회적·정치적·경제적 현실을 외면하게 만든다. 그러면서 많은 자기계발서는 당신의 인생을 예술작품으로 만들라는 은유를 채택하고, 못난 대중을 향해 예술가가 되라고 채근한다.

1990년대부터 미국 사회에 밀어닥친 신자유주의는 안정성을 악화시키고 실업률을 증가시켰다. 이때부터 자기계발서의 지은이들은 노동자는 단순한 임금 노동자가 아니라 노동의 즐거움을 통해 창조적 만족을 얻는 예술가라는 수상쩍은 자기계발 이데올로기를 퍼뜨렸다. 이들이 노동자에게 예술가라는 난데없는 은유를 뒤집어씌운 이유는 간단하다. 흔히 예술가는 가난을 두려워하지 않으며 경제적 보상에 연연하지 않고, 그저 일이 좋아서 열정을 쏟는 부류로 알려져 있다. 낭만주의 시대도 아닌 지금, 자기계발서의 저자들은 어느 예술가도 믿지 않을 저런 특성을 만성적인 실업과 구조조정 앞에 떨고 있는 임금 노동자들에게 들씌우고서 '당신들은 왜 예술가처럼 살지 못하냐?'고 힐문한다. 위선에 찬 이 거짓말쟁이들은 그런 해결책이 자본주의가 바라 마지않는 특성이라는 사실에 눈감는다. (중략)

지금까지의 논의는 자기계발서에 한정되었지만 자기계발 문화는 그보다 폭이 넓다. 구제금융기와 함께 인기를 얻었던 번지점프나, 명퇴(명예퇴직)가 일상화되면서 유행한 마라톤도 모두 자기계발 문화에 속한다. 번지점프가 요구하는 담력은 회사에서 잘려 생의 벼랑에 내몰리더라도 꿋꿋하게 살아가겠다는 초인적인 생존 본능을 키우고, 그와 유사한 마라톤 역시 '인생은 마라톤이다. 결코 누구도 원망 않고, 나만 의지해서 앞날을 헤쳐가겠다'는 강력한 개인주의적 의지를 표상한다. 다이어트나 성형수술은 말할 것도 없고, 극기 훈련 캠프의 융성이나 텔레비전의 극한 체험과 서바이벌 프로그램도 우리가 알게 모르게 소비하는 자기계발 문화다.

맥기는 자기계발서를 포르노그래피로 취급하면서도, 그것이 진보 담론을 잠식할 수 있었던 매력에 주목하라고 말한다. 진보 활동가들은 자기계발서가 입증한 보통 사람들의 안전과 행복에 대한 욕구에 민감해야 한다는 것이다. 『자기계발의 덫』은 서동진의 역작 『자유의 의지 자기계발의 의지』(돌베개, 2009)를 떠올리게 한다. 두 사람은 자유주의 국가가 점점 강압 수단에 덜 의지하는 대신 주체의 자발성을 통치와 접합한 좋은 예가 자기계발의 의지라는 데에 합의한다. 함께 읽기를 권한다.

* 장정일, 『빌린 책, 산 책, 버린 책3』, 마티, 2014.

(1) 최근 유행하고 있거나, 직접 읽어본 자기계발서 책에 대해 이야기해보자.

(2) 위 글에서 제시하고 있는 '자기계발의 덫'의 의미를 파악해 보고, 기존에 본인이 생각했던 견해와 비교·대조해보자.

호모 헌드레드 시대의 건강한 식탁 - 진정성 있는 음식은 행복이다

23년 동안 기자 생활을 했던 뉴요커의 빌 버포드는 그의 저서 『앗 뜨거워』를 통해 음식 본연에 담긴 진정성을 전하고 있다. 2002년의 어느 날 버포드는 유명한 요리사 마리오 바탈리의 요리를 맛보는 기회를 갖게 된다. 그런데 그의 음식 맛에 푹 빠진 그는 기자를 그만두고 마리오 바탈리가 운영하는 레스토랑 밥보의 주방으로 들어가 허드렛일부터 배우기 시작한다.

『앗 뜨거워』는 그가 마리오 바탈리로부터 음식을 배우는 행복한 여정을 담은 책이다. 이 책의 뒷부분에는 빌버포드가 이탈리아의 토스카나에 가서 직접 돼지를 잡고, 그곳 사람들의 방식대로 음식을 만들고 즐기는 것을 경험하는 이야기가 나온다.

사실 이러한 경험이 있기 전까지 그는 2002년에 처음 마리오 바탈리의 요리에서 느꼈던 환상적인 맛을 그저 현학적으로만 받아들였었다. '아, 이탈리아의 암태지 고기는 이렇게 먹는 것이 제대로 먹는 것이구나. 그런데 미국 사람들은 음식 문화가 천박해서 제대로 된, 즉 드라이 에이징(dry aging, 첨가제를 사용하지 않고 온도로만 숙성시키는 방법) 방식으로 숙성시킨 스테이크를 먹는 게 아니고 향신료의 맛 때문에 고기의 맛조차 느낄 수 없는 맥도날드 햄버거를 즐겨 먹는다. 그런데 나는 이렇게 제대로 형식을 갖춘 환상적인 요리를 먹는다!'며 그것에 대단한 자부심을 느낀 것이다.

그런데 막상 토스카나에 가보니 그곳의 사람들은 음식의 재료와 조리에 정성을 쏟고 진정성을 담는 것이 너무나 당연하고 자연스러운 삶의 철학으로 자리 잡고 있었다. 그냥 형식으로서의 문화가 아니라 문화의 진정성을 알게 된 것이다.

그는 "진정한 도시인이라면 스테이크는 역시 드라이 에이징한 것을 먹어야 하고, 커피는 역시 핸드드립을 먹어줘야 한다"와 같이 아주 현학적인 방식으로 음식 문화를 받아들여서는 안 된다고 말한다. 음식은 그 원래의 문화가 가지고 있는 진정성을 이해하고 그것을 사랑하게 되면 아주 자연스럽게 식재료와 신선함에 대해 신경을 쓸 수밖에 없으며, 그래서 결국엔 로컬푸드를 할 수밖에 없다는 것이다.

음식의 맛을 결정하는 것은 유명 요리사의 현란한 요리솜씨가 아니다. 직접 재래시장에 가서 좋은 식재료를 고르고, 즐겁게 요리하는 정성스런 마음이 결국엔 음식에 배게 되고, 그것이 곧 음식의 향이 되고 맛이 된다. 그런 의미에서 본다면 냉동실에서 포장을 뜯어 전자레인지에 돌려 먹는 즉석식품, 냉동식품은 음식이나 요리가 아닌 그저 열량보충제와 같은 것이라고 할 수 있다. (중략)

머지않아 다가올 호모 헌드레드 시대를 맞아 우리가 고민해야 하는 것은 비단 개인만의 건강이 아니다. 혼자 텃밭에서 농사를 짓고 가축을 키워 자급자족할 것이 아니라면 건강한 식재료와 올바른 식생활이 사회 전체의 문화로 뿌리내릴 수 있도록 함께 고민하고 노력을 기울여야 한다. 또한, 우리의 건강을 위해서, 지구의 건강을 위해서, 그리고 도시를 위해 봉사하는 농

촌이 자생력을 회복할 수 있게 하기 위해서 도시인의 한 사람으로서 우리는 어떻게 행동하는 것이 올바른 것인지도 함께 고민해야 할 문제다.

- 정재승 외, 『미래를 생각한다』, 비지니스맵, 2012.

(1) 위 글을 읽고, 『앗 뜨거워』라는 책의 내용과 특징을 이야기해 보고, 서평자가 도출해
   낸 시사점을 찾아보자.

(2) 『앗 뜨거워』라는 책처럼 실제 경험을 바탕으로 쓴 글을 찾아보자. 필자의 경험을 생
   생하게 담은 책이 갖는 강점을 이야기해보자.

예문 4

즐겨라, 그러나 제대로 즐겨라 – 축제의 본질은 인간 해방이다

(전략)

네덜란드의 역사학자 요한 하위징아(Johan Huizinga, 1872-1945)는 『호모 루덴스』에서 인간의 유희적 본성이 문화적으로 표현된 것이 축제라고 설명했다. 호모 루덴스는 '놀이하는 존재'라는 뜻으로 도구인 혹은 공작인을 뜻하는 호모 파베르와 대칭되는 개념이다. 도구인이 노동의 개념과 합리성을 함축하고 있다면 유희인은 놀이와 비합리성을 담고 있다. 하위징아는 놀이의 특성을 네 가지로 나눈다. 즉 자유, 상상력, 무관심성, 긴장이 바로 그것이다. 놀이는 자발적 행위라는 점에서 자유롭고 자유는 어떤 목적성 특히 유용성을 전제하지 않는다. 그저 재미삼아 노는 것뿐이다. 그 재미는 삶의 구체적인 용도에 맞춘 것이 아니다. 어떤 면에서는 일상의 삶에서 벗어나는 것이다. 그래서 실제적인 모습보다 온갖 상상력을 동원하여 즐거움을 배가시킨다. 그러니 구체적이고 유용한 어떤 목적도 없고 함께 노는 사람을 이해관계로서 보지 않는다. 무관심성이란 관심이 없다는 뜻이 아니라 이해가 없다는 의미이다.

그러면 긴장은 무엇인가? 젊은이들이 놀이나 축제에서 특별히 관심을 기울여야 하는 것은 바로 이 부분이다. 모든 놀이에는 상상력과 자유와 무관심성이 존재한다. 그런데 젊은이들의 놀이에는 실험성과 도전성이 담겨야 한다. 하위징아가 놀이에서 언급하는 긴장이란 다양하게 놀이를 결합하고 해체하며 재구성하는 과정을 통해 해결의 방식을 찾아내는 것이고 그것은 삶의 과정의 전형적인 모습이다. 즉 실험, 기회, 경쟁, 욕망, 끈기, 역량, 그리고 공정성을 자연스럽게 학습하게 된다. 또한 놀이를 통해 관계성을 습득한다. 그런 점에서 놀이는 사회적 방식의 끊임없는 변주이며 실험이다. 하위징아의 다음 말을 경청해보라.

"문화와 놀이의 관계는 차원 높은 형태의 사회적 놀이, 가령 한 집단 혹은 서로 대항하는 두 집단의 질서 정연한 행위 속에서 잘 드러난다. 혼자서 하는 놀이는 문화적 생산에 크게 기여하지 못한다."

지금은 예전보다 훨씬 놀이의 종류가 많아지고 다양해졌지만 관계성은 오히려 크게 쇠퇴했다. 누군가와 함께 놀려면 '관심-배려-성실'이 따라야 했다. 아무 때나 불러내서 놀 수 있는 게 아니다. 함께 놀고 싶은 친구의 생활 방식을 유심히 살펴야 하고 관심을 갖고 지켜봐야 언제 그와 놀 수 있는지 알 수 있다. 나만 좋아한다고 놀이를 정할 수는 없다. 상대도 좋아할 수 있는 놀이를 골라야 한다. 그러려면 상대가 무엇을 좋아하는지 관찰해야 한다. 그리고 놀이를 함께할 때는 반드시 약속을 지키고 규칙을 따르겠다는 상호 신뢰와 성실이 따라야만 놀이를 즐겁게 끝낼 수 있다. 술래가 되었다고 놀이 중에 집에 가버리면 다시는 함께 놀 수 없다. 그런데 지금은 각자 자기 방에 틀어박히거나 PC방, 게임방에 가서 전원을 켜거나 돈을 내면 언제든 내 마음대로 놀 수 있다. 함께 놀아줄 친구가 없어도 무방하다. 그렇게 우리는 놀이를 상실하고 있다. 하위징아가 "혼자서 하는 놀이는 문화적 생산에 기여하지 못한다."고 지적한 말을 명심

해야 한다. (중략)

　놀이를 하나의 문화로 만들어낸 것이 축제라고 할 수 있다. 하위징아가 "놀이는 문화의 한 요소가 아니라 문화 그 자체가 놀이의 성격을 가지고 있다."라고 정의한 것을 바탕으로 볼 때 축제는 놀이 그 자체이다. 그래서 축제만큼 직설적이고 즉각적인 문화는 흔치 않다. 그 기간 동안 인간은 완전한 해방감과 충일감을 만끽한다. 하지만 단순히 감성적이고 육체적인 이완과 여유를 만끽하는 것만은 아니다. 그 속에서 자연스럽게 자신의 삶의 방식, 관계의 내면, 세상의 규칙 등을 검토한다. 그것이 자신의 삶으로 녹아날 수 있도록 하는 추동력이 바로 축제의 힘이다. (후략)

* 김경집, 『청춘의 고전』, 지식너머, 2014.

(1) 『호모 루덴스』에 제시된 놀이의 특성을 정리해 보고, 우리가 평소에 생각하던 '놀이/축제'의 특성과 비교·대조해보자.

(2) 위 글을 읽고, 요즘 우리의 놀이(축제) 문화의 특징과 문제점을 생각해보자.

『완득이』에 나타난 다문화 사회에서의 '차이' 형상화 연구

(전략)

〈완득이〉는 대부분 다문화주의의 소설에서 담론화하는, 즉 소수자들에게 가해지는 사회적 차별이 사라져야 한다는 점을 직접적으로 주장하지는 않고 '차이'를 인정하는 것이 다문화 사회에서 필요한 덕목임을 형상화하고 있다. 주지하다시피 존재들의 '차이'는 다양체이고, 존재들 내부에 잠재해 있는 수많은 '차이'들은 동등하기에 그 관계 면에서 위계적이지 않다. 즉 주체와 타자가 주체가 될 수 있다. 이를 '상호주체'라 부를 수 있다면 '상호주체'는 '차이를 인정했음'을 형상화한 것이라 말할 수 있다. '상호주체'에는 어떠한 사물이나 존재 등에 '나'의 인식과 판단, 그리고 '대상'이 개입되기 마련인데, 그 대상도 단순한 '객체'가 아니라 '나'의 사유와 상호작용을 하면서 생성된 것이다. (중략)

앞에서도 말했지만 완득의 아버지는 난쟁이다. 완득의 아버지는 주변의 따가운 시선 때문에 완득에게 "남들이 해보는 건 해봐라. 때 놓치면 하고 싶어도 못한다."(p.22)라고 얘기하면서 그러한 방법은 '대학'을 가서 '소설가'가 되는 것이라고 믿는다. 완득의 아버지도 세상에서 주체성 있게 살 수 있는 방법은 많은 사람들이 욕망하는 것을 욕망하는 것이라 여긴 것이다.

> "고작 싸움이나 하라고 서울로 온 줄 아냐"
> "싸움이 아니라 스포츠예요."
> "그래, 나도 예술이라고 생각하는데, 남들은 춤쟁이라고 하더라. 그게 세상이야!"
> "세상이 뭐라고 해도, 아버지는 춤추셨잖아요."
> "내가 아무리 노력해도 세상이 날 안 받아줬다. 춤은 그나마 다른 사람하고 함께할
> 수 있는 유일한 힘이었고. 사지 멀쩡한 놈이 뭐가 아쉬워서 그런 쌈질을 하겠다고……
> "다른 사람하고 별로 잘 산 것 같지도 않은데요."
> 짝! 아버지가 내 뺨을 내리쳤다.
> 짝! 아버지는 다시 한 번 내 뺨을 내려쳤다. 예상했고 피하지 않았다.(p.79.)

완득 아버지는 완득이 킥복싱을 하는 것은 자신이 아무리 예술이라고 해도 남들이 춤쟁이로 보기 때문에 완득의 킥복싱도 '쌈질'이나 다름없다고 생각한다. 이는 한국인에게 내재한 관념의 일종으로 볼 수 있는데, 완득 아버지는 여기서 벗어나지 못하고, 비판하지도 못하며, 무엇보다 자신을 타자화하고 있는 것이다.

> 책상 앞에 앉아 있는 소설가. 내 꿈이 아니라 아버지의 꿈이었다. 그런데 알다시피
> 나는 소설의 '소'자도 모른다. 가끔은 만날 보는 글자가 생소해 보일 때도 있다. 죄송합니다.
> 아버지. 내 몸에 붙지 않는 소설가. 저 그거 관심 없습니다.
> …

몇 달 동안 기본기부터 배워야 했다. 종아리가 끊어질 것 같은 내뻗치기를 시작으로
… 그냥 때리고 패는 것이 킥복싱인 줄 알았는데 규칙도 많고 조심스러운 운동이었다.
잘 맞는 게 이기는 거라는 관장님 충고에 맞는 연습까지 해야 했다. 맞는 연습을 하는
스포츠라…… 조금 찜찜하지만 킥복싱. 이거 해볼 만한 스포츠다. (p.81.)

하지만 완득은 아버지의 기대를 저버리고 자신의 적성을 찾는다. 그것은 킥복싱을 하는 것이
다. 킥복싱을 하기 전에 완득은 아버지가 난쟁이라는 사실을 두고 인간들이 약점 삼아 즐거워
하고, 완득이 아버지가 장애라고 말하고 나면 매번 확인 사살하는 등의 세상 구조 때문에 주먹
을 날리곤 했다. 마침내 완득은 킥복싱을 해서 상처가 난 핫산의 얼굴을 보고 핫산이 동남아시
아 사람이라고 무시당해 맞은 걸로 오해하고, 그렇게 무시하는 사람을 때려 주려고 킥복싱 장
을 다니게 된다. 그러나 애초의 목적과는 다르게 그는 킥복싱을 하게 되면서 맞는 날이 허다하
여도, 킥복싱 대회에 나가 이기기 위해 시합을 하는 것이 아니라 하여도, 자기 일을 하는 데에
방해물(급우 정윤하)이 나타난다 하여도 좋아하는 일이라 포기하지 않고 자기 인생을 개척하려
하며, 극복하려 한다. 완득이 자기의식의 주체라는 것을 증명하는 셈이다. 완득의 이러한 의식
은 아버지로 하여금 반성을 유도하는 구실을 하기도 한다.

"나도 내 몸이 싫었다. 이게 나한테 끝나는 게 아니라 멀쩡한 너한테까지 꼬리표를
달아주더라. 부모가 도움은 못 돼도 피해는 주지 말아야 하는데. …
내가, 네 아버지라는 걸 사람들이 모르길 바랐다. 그래서 너한테서 자꾸 숨었지. 그렇
게 나를 숨겼던 게 오히려 너까지 숨어 살게 만든 것 같다." …
그 영감이 네 몸뚱이는 멀쩡한데, 네 정신 상태가 문제야 했을 때는 처음으로 대들었
다. 당신이 내 몸 같았으면 그렇게 말했겠냐고. 그랬더니 내가 속소에서도 안 나오고,
남하고 어울리지도 않으니까 내 모습도 볼 수 없다고 혀를 차더라
그 영감 덕에 민구 받아들이고, 다른 사람하고도 좀 어울렸다.
"우리 서로 인정하고 살자."
"저는 내 춤을 인정해주고, 나는 네 운동을 인정해주고, 우리 몸이 그것밖에는 못
하는 모양이다." (pp.174~178.)

위의 인용문에서 보듯 완득 아버지는 완득이 자기가 하고 싶은 일을 하는 걸 지켜보게 된다.
그러면서 자신이 춤을 추면서 만난 어느 영감이 '네 몸뚱이는 멀쩡한데, 네 정신 상태가 문제
야.'라고 말했던 것을 완득에게 회고한다. 마침내 아버지는 완득에게 "우리 서로 인정하고 살
자"(p.177), "그래. 우리 몸. 우리가 그렇게 데리고 살자."(p.179)라며 완득에게 말한다. 아버지
의 발화는 주체가 근본적으로 자기 인식의 한계를 가지는 존재임을 인정한다는 의미이다. 자신
이 완벽한 존재가 아니라 한계를 갖는다는 것을 인정할 때 주체는 자신의 정체성을 문제 삼을
수 있게 되며 이를 토대로 타자의 차이에 열린 태도를 취할 수 있다. 때문에 먼저 나라는 존재

가 주체로서의 고민을 시작해야 할 것이고, 그 주체를 억압하는 다양한 경계들에 대해서 '경계'
해야 할 것이다. 이처럼 완득의 아버지가 완득에게 말 걸 수 있게 된 지점은 자신의 한계를 돌
아봤기 때문에 가능한 것이었다. 마침내 완득의 아버지는 '저는 내 춤을 인정해 주고, 나는 네
운동을 인정해 주자'며 서로 인정하며 살자고 한다. 자신의 한계(난쟁이)를 인정하게 되니까 완
득이를 하나의 인격체로 인정하게 되어 그가 선택하는 것을 존중하게 된 것이다. (후략)

* 이영아, 『동아시아문화연구』 제62집, 2015, 216–219면.

(1) 위 글을 통해 현대소설 『완득이』에 나타난 아버지와 아들의 갈등 양상을 짐작해보자.

(2) 위의 평론가가 현대소설 『완득이』가 다른 다문화주의 소설과 어떠한 점에서 차별
성이 있다고 평가했는지 구체적인 예시를 통해 살펴보자.

2 최근 읽은 책에 대해 간단한 서평을 작성해보자.

(1) 범위: 본인이 최근 읽은 다양한 분야의 책 (좋은 글의 요건을 갖춘 텍스트 선별)

(2) 작성 방법: 글의 내용을 요약하고 평가하기
   - 내용 요약 500자 내외+ 인상적인 부분(문제 제기) 500자 내외+ 분석 및 본인 평가 500자 내외(띄어쓰기 포함)

(3) 유의사항: 본인이 작성한 글에 적절한 제목 붙이기, 본인이 참고한 글의 출처를 정확하게 밝히기

5장. 칼럼

(1) 개념

칼럼이란 시사적인 현안(懸案)이나 사회 현상에 대해 논평하는 글이다. 시사평론 · 시론 이라는 용어로도 일컬어진다. 사회적으로 이슈가 되고 있는 문제에 대해 글쓴이의 시각이 분명하게 드러나는 특징을 지닌다. 현 시대에 크게 화제가 되고 있는 사안에 대한 글쓴이 의 입장과 주장이 뚜렷하게 나타난다.

사설(社說)이 사회적인 이슈에 대해 신문사 전체의 견해를 익명으로 제시하는 하는 것에 비해, 칼럼은 집필자의 주관적인 의견을 자신의 이름(실명)을 내세우고 제시하는 차이점이 있다.

(2) 작성 요령 및 유의사항

칼럼을 작성하기 위해서는 시사적인 문제에 관심을 갖고 비판할 수 있는 능력이 있어야 한다. 사회에서 일어나는 문제에 대해 피상적으로 보지 않고, 사안의 원인과 결과를 탐색 해 보려는 태도가 필요하다. 그리고, 여론에 휩쓸리지 않고 자신만의 관점으로 사안을 파 악할 수 있어야 한다.

칼럼을 쓰기 위해서는 사안과 관련된 사전 정보와 지식을 확보하는 것이 중요하다. 특 정 사건과 관련된 신문 기사나 사설 등을 정독하여, 사건의 흐름을 종합적으로 파악할 필 요가 있다. 그 과정을 통해 발생 원인을 분석해보고, 실현가능한 대안을 모색해 본다.

다른 장르의 글과 마찬가지로 칼럼에서도 독자의 관심과 호기심을 불러일으키는 것이 매우 중요하다. 해당 사안이 왜 중요한지, 무엇이 문제인지를 독자의 입장에서 공감할 수 있어야 집필자의 문제 제기나 주장도 설득력을 가질 수 있다. 독자의 관심을 유발하기 위해서는 보다 신빙성 있는 자료를 제시하는 것이 바람직하다. 예를 들어, 공신력 있는 기관에서 조사한 통계 자료, 역사적인 교훈을 남긴 사건, 전문가나 선인들이 남긴 명언 등을 활용하면 효과적이다. 무엇보다도 동시대인들에게 문제의 심각성과 중요성을 인식시키는 것이 중요하다. 또한, 문제에 대해 부정적인 비판만 하고 전망을 제시하지 않는 칼럼은 독자에게 허무감을 줄 수 있으므로 유의해야 한다.

특히, 사회적인 문제에 대해 본인의 이익과 관련되지 않는다고 외면하거나, 우물 안 개구리 식으로 자신이 알고 있는 선입견만으로 사안을 재단하려는 태도는 지양해야 한다. 본인이 이미 알고 있거나 경험했던 사실만을 기준으로 사안을 평가하게 되면, 문제의 핵심이나 영향을 정확하게 파악할 수 없게 된다. 예를 들어 사회적 소수자와 관련된 문제가 발생했을 때, 본인은 남성이거나 비장애인이므로 여성이나 장애인 문제를 외면한다면 문제의 본질을 올바로 파악할 수 없을 것이다.

(3) 구성 내용

1) 서론:

① 시사적인 현안과 관련된 문제 제기
② 최근 이슈가 되었던 사건이나 뉴스 등을 제시하면서 독자의 관심과 호기심 환기
③ 사안의 심각성을 강조하면서 주제 선정 이유 제시

2) 본론:

① 특정 사건이 진행되어 온 과정 간략 서술, 쟁점의 원인 분석
② 사건으로 인해 발생한 결과나 영향 제시
③ 사건에 대한 집필자의 입장이나 주장을 구체적으로 서술
④ 자신이 제시한 문제에 대해 실현가능한 대안 모색

3) 결론:

① 문제에 대한 대응 방안이나 해결책 강조
② 앞으로의 전망 제시
③ 논리적인 비약 없이 통일성 있게 글을 마무리하는 것이 중요

1 최근 사회적으로 이슈가 되고 있는 사건에 대한 칼럼을 읽고, 다음 물음에 답해보자.

예문 1

성폭력 가능하게 해준 방관자들, 언론은 자유로운가

안태근, 고은, 이윤택, 조민기…

성폭력 피해자를 손가락질 하지 마라. 그들을 '꽃뱀'이니 먼저 '꼬리쳤다'고도 함부로 말하지 마라. 용기를 내 오만한 권력과 잘못된 관습에 온몸을 던져 최후의 저항메시지를 보내는 위대한 고발자들이다.

서지현 검사는 법을 택하는 대신 미디어(JTBC 뉴스룸) 출연을 결정해 자신의 성폭력 피해를 호소했다. 법집행자이자 법수호자인 검사조차 법이 아닌 미디어에 나와 성폭력 피해를 고백하는 모습은 국민에게 충격이었다.

더 충격적이었던 것은 성추행 가해자로 지목된 안태근 전 검사가 법무부 장관을 모시고 상갓집에서 동료 검사들이 보는 앞에서 버젓이 성추행을 했지만 누구도 말리지도 문제삼지도 않았다는 점이다. 뒤에 그것을 문제삼자 오히려 인사상 불이익을 줘 멀리 통영지청으로 쫓아냈다는 주장까지 나왔다.

서 검사의 용기 있는 고백은 비슷한 처지에서 눈물과 좌절 속에 빠져 있던 성폭력 피해자들의 입을 열게 했다. 연극계, 문화계, 학계 곳곳에서 피해자들의 절절한 목소리가 터져나오고 가해자로 지목된 자들의 시인과 사과, 변명 등이 혼재되고 있다.

최영미 시인이 지목한 '괴물' 고은 시인의 상습 성추행과 성폭력은 아직 진상이 제대로 밝혀지지 않고 있다. 고은의 시가 교과서에 실리고 몇몇 지방자치단체에서 기념사업까지 나서는 사이 그의 문화계 절대권력은 더욱 강고해졌다. 이번 파문이 계속 확산되고 있지만 그는 아직 해명이나 사과조차 하지 않은 채 침묵으로 일관하고 있다.

연극계 대부로 불리는 이윤택은 성추행을 넘어 성폭행까지 가해 피해자가 임신과 중절수술을 했다는 주장이 나왔다. 그에게 성폭력을 당한 피해자 수만 11명에 달한다고 하니 그를 악마로 부르는 국회의원까지 나왔다.

표창원 더불어민주당 의원은 "피해자들에게 안태근, 이윤택은 악마이자 절대 권력자였다"며 "그들 옆에서 다 보고 듣고 알고 있던 방관자들 역시 공범이며 악마 권력자의 능욕과 범행을 가능하게 해준 조력자이자 방패막이었다"고 지적했다. 그는 "우리 사회 곳곳의 안태근과 이윤택을 다 밝혀내 단죄해야 한다"며 "성희롱 성추행 성폭력 성학대 여성혐오 행위자들은 일제 성고문 범죄자들과 다를 바 없다"고 비판했다.

영화계에서 학계로 진출해 주목받았던 배우 조민기 씨 행태는 기가 막힌다. 조씨가 교수로 일하던 청주대 연극학과 학생들이 조씨에게 수년간 성폭력을 당했다고 밝혔기 때문이다. 조씨 측은 "명백한 루머"라며 의혹을 부인하고 있지만 경향신문이 전하는 성폭력 의혹의 내용은 매우 구체적이다. 특히 피해자가 한두 학생이 아니라는 점에서 문제가 심각하다.

경향신문에 증언한 이들은 2009년~2013년 입학한 재학·졸업생들이다. 피해자들은 조씨가 학교 인근인 청주 안덕벌에 마련한 자신의 오피스텔 등에서 학생들을 상대로 상습적인 성폭력을 행사했다고 주장했다.

경향신문에 따르면, 연극학과 졸업생 ㄱ씨는 "조민기 교수가 오피스텔로 나와 친구를 부른 뒤 술을 먹이고 침대에 눕힌 다음 가슴을 만지고 강제추행했다"고 말했다. ㄱ씨는 "(강제추행 중) 너무 무서워서 도망쳤다. 당시 우리 나이는 고작 스물한 살이었다"고 말했다. 그는 "조민기 교수는 술에 취해 항상 여학생들에게 전화를 걸어 'ㅇㅇ오피스텔로 5분(오피스텔로 5분 내로 오라는 뜻)'이라고 말했고, 전화를 안 받으면 계속 전화했다"고 했다.

안태근, 고은, 이윤택, 조민기 등 가해자들은 공통점이 몇 가지 있다. 첫 번째는 피해자들에 대해 절대적으로 우월적 지위에 있었다는 점이다. 가해자들은 사회적 권력을 이용해 인사상 불이익을 줄 수 있는 위치에 있었다. 배역을 바꿔버리거나 학점이나 학위에 치명적 악영향을 줄 수 있는 권한도 갖고 있었다.

두 번째 공통점은 가해자의 병풍 노릇하는 주변 권력, 추종세력들이 일방적으로 가해자편을 들고 있다는 점이다. 이들은 조직의 힘을 이용해 피해자 하소연을 인사불만, 배역불만, 학점불만, 명예훼손 등으로 매도할 수 있다.

세 번째 공통점은 여성의 수치심과 은밀함을 교묘히 이용했고 피해구제시스템의 허술함, 허울뿐인 법과 제도의 허망함을 악용했다는 점이다. 성폭력은 반드시 법적 처벌을 받고 사회적 응징을 당한다는 의식이 있었다면 이렇게 광범위하게, 이렇게 많은 피해자를 양산하지 않았을 것이다.

어느 분야에서 어떤 내용이 더 터져나올지 알 수 없다. 일련의 사건들이 언론에 전하는 메시지도 가볍지 않다. 문화권력, 학계권력, 정치권력 등 이른바 우월적 위치에 군림하는 권력자에 대해 그동안 언론이 제대로 감시했느냐는 질문을 던지고 있기 때문이다.

문화계 기자들조차 그들과 술잔을 나누며 본의 아니게 병풍 노릇한 적은 없는지에 대한 성찰이 필요하다. 물론 피해자들이 보도를 원치 않아서 보도를 못한 경우도 있을 수 있다. 하지만 지금 상황은 그런 해명으로 넘어가기엔 피해가 너무 광범위하고 너무 깊다.

피해자들에게 먼저 손가락질하는 풍토도 개선돼야 한다. 오죽하면 검사가 방송에 나와 피해를 호소했겠는가. 오죽하면 대학생이 교수의 성폭력을 피해 도망해서 쉬쉬해야 했겠는가. 성폭력 피해신고율이 0.6%라는 데이터는 절망적이다. 피해자가 목소리를 낼 수 있는 시스템을 만드는 것은 우리들의 몫이다.

* 김창룡(인제대 신문방송학과 교수), 「미디어오늘」, 2018. 2. 21.

(1) 위의 필자가 제시한 사건 가해자들의 공통점을 정리해보자. 직접적인 가해자 외에 개선되어야 할 풍토나 인식에 대해 논의해보자.

(2) 현재 진행되고 있는 '미투(Me Too) 운동'의 특징을 정리해 보고, 앞으로 나아가야 할 방향에 대해 논의해보자.

4차 산업혁명 시대 '과학기술 커뮤니케이션'

'문송합니다'라는 유행어가 있다. '문과생이라서 죄송합니다'라는 의미다. 최근에 유명 작가가 가상화폐를 주제로 한 TV토론회에서 과학기술 지식이 부족함을 표현하기 위해 사용했다. 고등학교에서 문과와 이과 구분은 일제 잔재라는 지적이 있었고, 2001년 고등학교에 입학한 학생을 마지막으로 문·이과 구분이 공식 폐지됐지만 대학수학능력시험에서는 여전히 문·이과가 구분되고 있다.

그러나 20세기 중반부터 학문에 융합 흐름이 나타나면서 오늘날에는 지식 영역 경계에 따라 각 학문을 개별 연구하지 않고 통합 접근하는 것이 주류로 떠올랐다. 이과 영역에 속하는 과학기술의 진보는 빠르다는 말로 부족하고, 오히려 사회 변화를 급속도로 이끌고 있다. 인공지능(AI) 과학자 겸 미래학자 레이먼드 커즈와일은 2040년께가 되면 AI 발전으로 인한 기술 변화 속도가 급속히 빨라지고 미치는 영향이 넓어져서 인간 생활이 되돌릴 수 없도록 변화하는 기점이 온다고 예측했다.

변화 시기에 시민과 대중의 과학기술 이해는 어떻게 이뤄지고 있는가. 과학기술을 이해하지 않고서 사회, 경제, 정치, 외교 등 이슈를 다룰 수는 있을까. 이 같은 의문은 지금까지 가능했지만 앞으로는 어려울 것으로 보인다.

이제는 경찰에서 다루는 범죄마저도 드론, 자율주행자동차, 가상화폐 등 첨단 기술과 관련돼 있으니 이를 수사하고 분석하는데 첨단 과학기술 지식을 갖춘 전문 수사관이 필요하다. 범죄에 대해 기소하거나 판결해야 하는 검사와 판사도 기소 내용에 담긴 기술을 법리 관점에서 이해하지 못하면 판결이 어려운 상황이다.

이미 우리 사회는 과학기술이 시민의 삶 전체에 녹아들었기 때문에 세상을 이해하는데 문과 출신이라고 해서 기술 지식이 부족함을 용서받을 수 있는 상황이 아니다. 정부가 추진하는 중요 정책의 방향성을 정하거나 사회 어젠다에 대해 여론을 형성하거나 가짜뉴스에 대한 사실 여부를 체크할 때는 더욱 관련된 전문 과학기술 지식을 세밀하게 이해해야 한다. 이에 따라서 그런 전문성으로 시민과 커뮤니케이션하는 전문가에게 대중과 소통하는 기회를 충분히 줘야 할 것이다.

우리 사회에서 과학기술을 위한 커뮤니케이션은 대학 중심으로 생산된 지식이 전통 저널리즘, 이벤트, 온라인 교류 등 각종 미디어를 통해 전달되는 형식이었다.

최근에 벌어지고 있는 현상은 기존 관점에서 이해되기 어려운 측면이 있다. 더 이상 대학이 지식 생산을 독과점하는 주인공은 아닐 것이다. 오히려 인터넷 공간에서 많은 정보가 결합하고 융합해서 대중이 스스로 정보를 검증하고 방향을 만들어 가는 형식으로 변화해 가고 있으며, 정보 유통량과 접근성을 고려할 때 주도권을 완전히 확보한 것으로 보인다. 대학에서 사용하는 전통 교재는 이미 수년 전에 출간된 것이며, 출간되기까지 지식이 정리되고 형식을 갖추기 위한 시간이 걸린 것을 감안하면 적어도 지금 발생하고 있는 현상과는 수년의 괴리가 항상 존재하게 되는 아이러니가 있다.

물론 약학, 철강 등 과학기술 수명이 길거나 기초 연구가 중요한 분야는 문제가 없겠지만 정보통신기술(ICT) 분야로 일컬어지는 4차 산업혁명 시대의 핵심 과학기술은 대부분 수명이 아주 짧거나 최신 기술이기 때문에 대학 역할은 더욱더 사유의 씨앗을 제공하는 기초 교양으로 자리하게 될 것이다. 소용돌이치고 변화하는 전통 과학기술 지식의 생산과 유통 프레임워크에서 교육받고 성장한 여론 주도자들이 우리 사회에 새롭게 제시된 주제를 다루는 태도는 대중에 대한 파급력과 민감성에서 매우 중요하다. 아직 결과도 없고 정답도 없는 머나먼 대장정의 첫 걸음을 내디디는 시점에 있는 과학기술에 대해 '문송한' 관점의 프레임을 씌우고 사기로 단죄하는 것은 너무 성급한 결정이다.

과학기술 커뮤니케이션이란 무엇인가. 과학 및 합리에 맞는 의사 결정을 하는 과정은 작게는 현실에서 스스로를 고립시키는 다양한 편견으로부터 자신을 배제하고, 크게는 기술 환경에 대한 통찰력과 나아가 기술 철학으로 접근해야 할 것이다. 커뮤니케이션을 위해 과학기술과 사회 철학이 필요하다는 근간에서 이 작은 시장의 왜곡을 억제하고 성공 생태계를 조성하기 위한 보이지 않는 손이 작동해야 한다. 기술을 이해하지 못하면 의사 결정에 실패할 수 있다. 21세기 사고방식의 정부 정책을 기대하려면 '문송'한 분들의 입에서 나오는 말을 조심해야 한다.

* 이경호(고려대 정보보호대학원 교수), 「전자신문etnews」, 2018. 2. 20.

(1) 위의 필자가 주장하고 있는 주요 논점을 정리해보자.

(2) 위 칼럼을 읽고, 문 · 이과 · 예체능 융합 인재가 필요한 4차 혁명 시대에 우리가 갖
추어야 할 덕목이나 역량이 무엇인지 논의해보자.

폭염과 '누진제' 논란에서 한발 나아가기

전기요금을 실질적으로 정하는 주체는 국가다. 전기판매사업자(한국전력공사)가 소비자와 맺는 '공급약관'을 통해 정하는 형식을 띠지만, 이 약관은 정부(산업통상자원부)의 인가를 받아야 한다. 주택용 전기류 누진제의 근거이기도 한 전기사업법(16조)에 따른 것이다. 7~8월 누진제를 완화하는 방식으로 주택용 전기료를 깎기로 7일 결정하고 발표한 주체가 한국전력이 아닌 정부·여당이었던 것도 이 때문이다.

주택용 누진제는 많이 알려진 대로 1973년 석유파동(오일쇼크)에서 비롯됐다. 그해 10월 터진 '4차 중동전쟁'으로 국제유가가 4배 가까이 올라 이듬해 한국의 전기요금 체계를 바꿔놓았다. 누진 계단이 12개(최고-최저 차이 20배)에 이르기도 했다가 2016년 3단계(3배)로 줄어 지금에 이르고 있다. 2015, 2016년에 이어 올해도 요금을 깎기로 했지만, 누진 구조는 그대로다.

주택용 누진제는 숱한 시비를 낳았다. 2014년부터 잇따라 소송에 휘말렸고, 2017년엔 누진제의 근거인 전기사업법 조항을 두고 위헌심판 제청까지 돼 있다. 누진제를 둘러싼 법적 다툼은 사업자인 한전의 승소로 이어지는 분위기였는데, 작년에 인천지방법원에서 소비자 쪽 손을 들어주는 판결을 내려 눈길을 끌었다. "주택용에만 누진제를 도입해 전기 사용을 억제해야 할 필요성이 있다고 인정할 만한 합리적인 근거를 찾기 어렵다"는 판시였다. 누진제 도입 뒤 44년의 세월이 흐르는 동안, 산업·경제 구조가 많이 바뀐 현실과 무관치 않을 터였다. 전기료를 둘러싼 여건 변화의 상징은 에어컨 보급이다. 올해 못지않게 더웠던 1994년 에어컨 보급률은 9% 수준이었지만, 지금은 80%를 웃도는 것으로 추정된다.

따라서 한시적 완화로 미봉된 누진제 논란은 재발할 수밖에 없어 보인다. 문제는 주택용 누진제를 고치든 없애든, 이게 곧바로 전기료 경감으로 이어진다고 기대하기 어렵다는 점이다. 현행 누진제는 2단계 중간까지는 원가 아래로, 그 이상은 원가 이상으로 공급해 평균을 맞추는 구조다. 전기 절약을 유도하는 이 구조를 없앨 경우 더 오른 요금을 무는 가구가 많이 생겨날 수 있다. 더욱이 전기료를 덜어주는 게 바람직한지도 의문이다.

누진제를 둘러싼 주장이나 논의는 달라진 산업·경제 구조를 반영하고, 산업용까지 아울러 전체적으로 손질하는 쪽으로 이어가는 게 바람직할 것 같다. 한시적으로나마 요금을 깎아주면 전기소비 증가, 전력예비율 감소로 귀결되기 쉽다. 이 경우 전력수급에 문제가 생기고, 그러니 원자력발전소를 더 지어야 한다는 주장으로 이어져 에너지 정책의 큰 방향인 탈원전 흐름이 구석으로 몰리게 된다. 폭염이나 혹한으로 전기 소비가 급증하는 분위기에선 탈원전을 방어하는 논리가 약해진다.

근본적으로는 누진제 완화를 불러온 폭염 사태를 온실가스 감축 같은 환경·생태 담론으로 이어가는 동력으로 활용하는 지혜가 절실하다. 올해 폭염은 기후변화가 먼 곳, 먼 미래의 일이 아님을 실감케 했다. 혹한, 폭염, 폭우 같은 기상이변은 전 지구적인 현상이 됐고, 기온의 진폭이 커지고 있다. 이는 온실가스 증가에서 비롯되고 있음을 누구도 부인하기 어려워졌다. 온실가스를 줄이기 위한 국제 약속인 '파리기후변화협약'(2015년)이 미국의 탈퇴 속에서도 큰 흐름을 형성하고 있는 배경이다. 국제 분위기를 주도하진 못하더라도 흐름에서 뒤처지지 않을 정도의 준비는 해야 하지 않을까 싶다. 환경·생태 이슈에도 비즈니스 기회는 있을 테니 말이다.

* 김영배(한겨레신문 논설위원). 『한겨레』. 2018. 8. 7.

(1) 위의 필자가 주장하고 있는 주요 논점을 정리해보자.

(2) 위 칼럼의 제목인 〈폭염과 '누진제' 논란에서 한발 나아가기〉 위한 방안이 무엇인지 생각해보자.

쓰레기 대란, 그 해결책

최근 한국의 재활용 업체들이 폐비닐, 스티로폼 등 오염물 제거 비용이 과대한 물품에 한해 수거를 거부하면서 이른바 '쓰레기 대란'이 일어났다. 폐기물을 수입하던 중국이 수입을 전면 중단하면서 국내의 폐비닐과 스티로폼의 재고가 쌓여 가격이 폭락했기 때문이다. 우리나라뿐만 아닌 중국으로 폐기물을 수출하던 미국, 일본, 유럽 또한 당장 폐기물 처리에 어려움을 겪고 있다.

중국은 1980년대 이후 재활용 쓰레기를 상업적으로 사용할 수 있으리라 판단하고 세계 각지로부터 폐플라스틱 등을 수입했다. 그러나 경제 발전으로 자국 내에서 배출하는 폐기물량이 증가하고, 환경오염이 심각해지면서 폐기물 수입에 대한 부정적인 평가가 늘어나게 된다. 이러한 배경 속에서 중국은 자국의 환경보호와 재활용 업체 보호 강화를 위해 올해 1월 1일부터 합법적인 고형 폐기물 수입에 대해 관리를 강화하고 외국의 쓰레기 반입을 금지했다. 이렇듯 중국의 폐기물 수입 규제로 우리나라 내에서 폐기물 매립을 담당하게 된 것이다. 그렇다면 "쓰레기 대란"이 일어날 수밖에 없었던 부가적인 원인에는 무엇이 있을까.

첫째로, 환경부를 비롯한 정부 부처의 미숙한 대응이다. 중국의 폐기물 수입 전면 규제는 사전에 충분히 예고되어 있던 일이었다. 2016년 1월 쓰레기 수입 제한 일정발표에 이어서 2017년 7월 18일 WTO에 '9월부터 수입 금지조치 시행' 통보, 27일 '외국 쓰레기 반입 금지와 고형 폐기물 수입 관리 개혁 시행 방안' 등 여러 시기에 걸쳐 1월 1일 시행 전까지 중국은 폐기물 수입 금지에 대한 확고한 의지를 나타냈다. 그 기간의 부처의 미숙한 대응, 대책 마련을 하지 않았다는 점에서 정부는 비난을 피하기 어렵다. 우리나라 재활용 정책 점검과 새로운 시스템 수립이 필요한 시점이다.

둘째로, 폐기물 발생의 근본적 원인은 생산단계에서 발생한다. 이때까지의 기업은 경제적 이익을 위하여 사회적 비용을 희생시켜 원가 절감에 나섰다. 환경부에서 내리는 용기 규제 지침 대신 각 기업의 입맛에 맞는 용기를 생산했다. 제품 생산과정의 문제로 늘어나는 쓰레기양을 규제하는 대신 쓰레기 수거 과정에만 초점을 맞추는 것은, "쓰레기 대란"의 임시방편에 불과하다. 순환할 수 있는 재질로 제품을 생산하고 친환경 규제를 지키는 등 기업의 인식 변화가 필요하다.

셋째로 우리나라 국민들의 분리수거 방식에 존재한다. 분리수거는 하지만 오염물질이나 라벨 등을 제거하지 않아, 분리수거가 재활용에 실질적으로 영향을 끼치는 범위가 좁다. 수거 업체가 폐기물을 재분류하는 데 많은 시간과 비용이 소비되기 때문에 재활용이 효율적으로 이루어지지 않는다. 이를 예방하기 위해 소비자는 분리수거의 정확한 지침을 따라야 할 것이다.

중국에 폐기물을 수출했던 여러 나라는 늘어나는 폐기물에 두 가지 선택지를 갖고 고민하고 있다. 첫째는 자국 내 매립지를 확보하는 것이고, 다른 하나는 다른 국가에 그 폐기물을 수출하는 것이다. 그러나 전문가들은 이러한 선택지가 효과적이지 못할 것으로 예상한다. 이러한 임기응변 대책은 '쓰레기 대란'에 장기적인 해결책이 되지 못할 것이다. 결국, 중요한 것은 쓰레기를 버릴 장소를 찾기보다는 폐기물을 줄이는 방법을 찾는 것이다. 중국의 '폐기물 규제'로 인해 드러나야 했던 것들이 터져 나오고 있다. 발생 원인의 외면보다는 우리의 주체적인 인식 변화가 '쓰레기 대란'의 근본적인 문제해결에 도움이 될 것이다.

* 김영은(청년과미래 칼럼니스트), 「아시아타임즈」, 2018. 4. 27.

(1) 위의 필자가 제시한 '쓰레기 대란' 발생 원인을 정리해보자.

(2) 쓰레기 대란과 관련하여 본인이 실제로 겪은 사례를 소개해보자. 칼럼에서 제시한 대안을 정리해 보고, 보다 효과적인 해결책을 모색해보자.

2 다음과 같은 사회적 이슈에 대해 신문 기사나 사설을 검색해 본 후, 자신의 입장을 정하여 시론을 작성해보자.

① 남녀 혐오 현상
② 몰카 범죄 처벌 논란
③ 낙태죄 폐지 논란
④ 가상화폐 논란
⑤ 문화계 블랙리스트
⑥ 스포츠계 비리
⑦ 성적 조작, 채용 비리
⑧ 학교 폭력
⑨ 부정 청탁 방지법
⑩ (생활) 과학 관련 이슈
   (방사능 침대, 가습기 살균제, 살충제 계란 유통, 지구 온난화, 탈원전 정책 등)
⑪ 기타

6장. 프레젠테이션

(1) 개념

프레젠테이션(presentation)의 사전적 의미는 '발표, 설명, 제출'이라는 뜻이다. 대학에서는 특정 과제에 대한 설명이나 연구 주제에 대한 결과 보고 등을 할 때 주로 활용한다. 기업체에서는 업무에 대한 계획안, 신제품에 대한 요약 설명을 관련자들에게 할 때 주로 사용한다. 효과적인 프레젠테이션을 하기 위해서는 파워 포인트(PPT)나 프레지(Prezi) 등의 매체를 활용할 수 있는 기본적인 능력이 있어야 한다.

현대 사회에서는 일반인과 쉽게 소통할 수 있는 특정 분야의 전문가를 선호한다. 그러므로, 특정 분야의 전문가라면 쉬운 언어로 전문적인 지식을 일반인에게 설명하고 전달할 수 있는 능력을 갖추어야 한다. 그리고, 대학 수업에서도 대부분의 교수자가 프레젠테이션 방식으로 강의를 진행하고 있으며, 학생들이 발표 과제를 수행할 때에도 프레젠테이션 능력은 꼭 필요한 요소이다. 또한, 요즘 취업의 주요 관문인 면접에서도 지원자의 자기소개를 프레젠테이션 방식으로 진행하는 경우가 증가하고 있는 추세이다. 이렇듯 프레젠테이션이 강조되고 있는 이유는 발표자의 말하기·글쓰기의 수준과 능력을 동시에 가늠할 수 있는 유용한 수단이기 때문이다.

동종 제품을 생산하는 기업체 간에도 신제품에 대한 프레젠테이션은 그 제품의 성패를 좌우할 정도로 큰 영향을 미친다. 일례로 애플사가 주최한 신제품 브리핑을 위한 故 스티브 잡스(Steve Jobs)의 프레젠테이션은 세계 언론의 취재 대상일 뿐만 아니라, 온라인으로 생중계되기도 한 것으로 유명하다. 이는 대상 자체의 본질보다는 그것을 어떻게 청중에게 설명하고 설득하느냐의 문제가 현대인의 의사소통에서 매우 중요한 요소임을 보여주는 사례이다.

(2) 작성 요령 및 유의사항

프레젠테이션은 특정 분야의 정보나 주장을 청중에게 설명, 설득하는 것에 목저이 있다. 프레젠테이션은 청중들의 이해를 돕기 위한 자료를 필요로 하므로, 파워 포인트(PPT)나 프레지(Prezi) 등의 매체를 활용하여 관련 자료를 효과적으로 제공해야 한다.

프레젠테이션 글쓰기의 절차는 일반적인 글쓰기의 5단계와 유사하다. 즉, '주제 선정 → 자료 조사 → 개요 작성 → PPT 및 발표 대본 작성 → 검토 및 수정' 순서로 진행하면 된다. 특히, 본격적으로 내용을 작성하기 전에 발표문의 전체적인 아웃라인을 보여줄 수 있는 〈발표 계획서〉를 먼저 작성한다면, 보다 논리적이고 체계적으로 프레젠테이션 글쓰기를 진행할 수 있다.

〈발표 계획서〉에는 발표 예상 제목, 주제문, 목차, 연구 대상·범위·연구 방향·연구 대상 선정 이유, 참고문헌의 항목을 제시하여 전체적인 맥락을 일목요연하게 볼 수 있도록 한다. 발표 계획서는 작성자에게는 체계적인 발표문을 쓸 수 있도록 하는 설계도 역할을 하며, 청중에게는 전체 발표의 맥락을 짐작하도록 하는 안내도 역할을 한다.

프레젠테이션 글쓰기의 시각 보조 자료로 대학교에서 일반적으로 많이 사용하는 소프트웨어로는 파워 포인트(Power Point)가 있다. PPT는 화면을 스크린에 띄워 사용하며, 발표 내용을 청각만이 아니라 시각 자료와 동시에 파악할 수 있게 하는 장점이 있고, 사용 방법도 비교적 간단하다.

〈발표 계획서〉를 바탕으로 PPT를 작성할 때 다음 사항을 유의해야 한다.

1) 〈발표 계획서〉에서 제시한 목차의 내용 및 순서와 PPT에서 제시한 것을 일치시킨다. 주요 키워드나 설명 용어도 동일하게 사용하여 청중이 혼동하지 않도록 한다.

2) 〈발표 계획서〉나 발표 원고에 일반 서술형으로 제시한 표현은 PPT에서 개조식 서술형으로 바꾸어야 한다.

PPT에 긴 문장을 그대로 제시할 경우에 청중이 한눈에 요점을 파악하기 어려우므로, 핵심 문구나 단어 등을 사용하여 간단명료하게 제시한다. 그리고, 발표자는 PPT에 제시된 내용을 구어체로 자연스럽게 발표한다. 발표 대본은 슬라이드 노트 기능을 활용하여 별도로 작성한다.

3) PPT는 시각 보조 자료이므로 내용이 잘 전달되도록 제시해야 한다.

PPT에 내용 설명 없이 이미지나 사진만 제시한다거나, 한 슬라이드에 너무 많은 내용을 작은 글씨로 제시하는 것 등은 오히려 청중이 내용을 이해하는 데에 혼란을 줄 수 있다. 잘 보이는 글씨체와 크기로 내용 설명과 관련 있는 요점을 일목요연하게 제시해야 한다. 그러므로, 화려한 화면보다는 간단명료하게 내용을 전달할 수 있는 디자인과 레이아웃을 선택하는 것이 바람직하다.

4) 발표 시간에 맞추어 적정한 PPT 슬라이드 장수를 활용하는 것이 좋다.

특히, 한정된 수업 시간 내에 여러 팀이 발표를 진행해야 할 경우에 본인에게 주어진 발표 시간 내에 발표 가능한 분량을 준비하는 것이 효과적이다. 발표 분량이 부족하면 성의 없다고 평가받기 쉽고, 반대로 발표 분량이 지나치게 많으면 청중의 집중도가 떨어지고 발표자가 준비한 내용을 끝까지 마무리하기 어려운 일이 발생할 수 있으므로 유의해야 한다. 예를 들어 팀당 15~20분 정도의 발표 시간이 주어졌을 때 20~25장 정도의 슬라이드 장수로 준비를 한다면 비교적 여유 있게 발표를 할 수 있다. 팀원이 여러 명이라면 한 사람이 발표할 분량을 미리 적절하게 나누는 것이 좋다.

5) 참고 자료를 통해 인용한 부분이 있다면 반드시 출처를 표기하여 발표자의 견해와 구분해야 한다.

PPT에는 각주 기능이 없으므로, 인용한 이미지나 문구 밑에 출처를 정확하게 표기해야 한다. 출처 표기는 일반적인 인용 방식을 따르면 된다. 그리고, 발표 내용을 마무리하는 슬라이드에는 발표 전체에 인용한 자료 목록을 1, 2차 자료로 구분하여 제시한다. 이 때 웹자료의 경우 검색한 상세 주소와 방문일을 모두 표기하는 것이 원칙이다.

(3) 구성 내용

프레젠테이션 글쓰기의 기본 구성은 '표지-목차-서론-본론-결론-참고문헌-마무리 인사 및 질의응답' 순서로 제시하는 것이 일반적이다. 만약, 담당 교수님이나 특정 기관에서 요구한 형식이 있다면 그에 맞추어 작성하면 된다.

1) 표지:

① 프레젠테이션의 전체 제목과 발표자의 개인 정보, 발표일 등 가장 기본적인 사항

제시

② 발표의 전체 인상을 좌우할 수도 있으므로, 깔끔하고 임팩트 있는 디자인과 문양 활용

2) 목차:

① 장과 절 등의 항목에 통일된 기호 사용
② 전체 목차가 한눈에 들어오도록 제시(프레젠테이션의 전체적인 흐름과 맥락 파악 기능)

3) 서론:

① 주제 선정 이유와 연구 범위, 방향, 주요 용어 등에 대한 설명
② 발표 주제와 관련된 시의성 있는 사건이나 동영상 등 간단 제시
③ 서론에서 지나치게 자세한 내용을 서술하는 것은 금물

4) 본론:

① 주제와 관련된 구체적인 정보나 분석한 내용 제시
② 본론을 제시할 때 '본론'이라는 용어를 사용하지 말고, 본론의 내용과 관련된 구체적인 키워드를 써야 함.
③ 구성 방식에 따라 나열식, 인과식, 문제해결식 중에 하나를 선택하여 내용 제시
④ 서론에서 제시한 연구 범위와 방향에 맞추어 체계적으로 본론 내용 구성
⑤ 구체적인 사례를 제시할 때 내용과 관련된 동영상이나 통계 자료 등을 활용하면 효과적임.
⑥ 주장을 뒷받침할 수 있는 근거 자료 제공(시의성과 신빙성을 갖춘 자료 제시)

5) 결론:

① 전체 발표 내용 요약 정리, 발표의 의의와 시사점 제시
② 발표의 한계나 아쉬움이 있다면 의의를 감쇄하지 않을 정도로만 간략 제시
③ 전체 발표의 통일성을 해치는 논리적 비약 금지

6) 참고문헌:

① 발표 작성에 직간접적으로 활용했거나 인용한 참고자료 목록 일목요연하게 제시

② 1차, 2차 자료 구분 제시

7) 마무리 인사 및 질의응답:

① 끝까지 경청해준 청중에게 감사 인사를 전하며 발표 정리

② '질의응답'을 통한 적극적인 발표 피드백 진행

③ 청중과 발표자 모두 질의응답의 기본 예의 준수

《Tip》 바람직한 질의응답 태도

• 청중의 태도
- 자신이 잘 이해하지 못한 부분에 대한 재설명을 발표자에게 요청
- 자신의 생각과 발표자의 발표 내용이 다른 것에 대한 질문
- 발표 주제나 내용과 동떨어진 엉뚱한 질문을 하거나, 발표자에 대한 인신 공격성 비난을 하는 것은 지양
- 질의를 하는 목적은 발표자에 대해 비난을 하기 위한 것이 아니라, 발표 내용에 대해 합리적인 비평을 하기 위한 것이라는 점을 명심해야 함.

• 발표자의 태도
- 청중이 던진 질문에 대해 회피하거나 핑계를 대기보다는 발표를 준비하면서 알게 된 지식과 정보를 총동원하여 성의 있게 답변하는 태도를 보여야 함.
- 팀원이 여러 명이라면 해당 부분을 발표한 학생이 먼저 답변을 하고, 다른 팀원들이 보충 설명을 하는 식으로 협력하는 자세를 보여주는 것도 필요함.
- 자신감 있게 답변하는 태도 중요

1 다음 〈발표 계획서〉를 보고, 전체 발표의 맥락과 내용을 예상해보자. 그리고, PPT 샘플을 보고 프레젠테이션 글쓰기의 체제와 작성 방식을 살펴보자.

예문 1 〈발표 계획서〉: 사고와 표현 2016년 2학기 (사회복지학과 1학년 2인 발표)

제목	진정한 소통을 가로막는 인터넷 신조어
주제문	인터넷 신조어 사용으로 인해 생기는 의사소통의 문제점을 살펴보고, 그 대안을 모색해 본다.

개요
(목차)
	Ⅰ. 서론
	  1. 주제 선정 이유
	  2. 인터넷 신조어란?
	
	Ⅱ. 신조어로 막힌 우리들의 대화
	  1. 신조어 테스트
	  2. 신조어의 실태
	  3. 신조어의 문제점
	
	Ⅲ. 막힌 벽을 극복한 우리들의 대화
	  1. 사례
	  2. 해결방안
	
	Ⅳ. 결론

연구 대상/ 범위/ 연구 방향/ 연구 대상 선정 이유	요즘 인터넷 신조어가 만들어져서 신세대들이 신조어를 많이 사용한다. 이 때문에 우리들은 의사소통을 하는 과정 속에서 어려움을 경험하게 된다. 그리고 신조어로 소외감을 느끼고 왕따를 당하는 문제와, 세대 간 차이를 느끼는 문제 등 여러 가지 문제가 발생하여 주제로 선정하게 되었다.

참고문헌
(자료)
	1차 자료: 인터넷 신조어
	
	2차 자료:
	• https://www.asiatoday.co.kr/view.php?key=201610090010004403
	  (방문일:2016.11.15)
	• https://terms.naver.com/entry.nhn?docId=16136&cid=43659&categoryId=43659
	  (방문일:2016.11.28)
	• http://cafe.naver.com/51960397/7226 (방문일:2016.11.28)
	• https://www.youtube.com/watch?v=p4sN3NNy-hY(방문일:2016.11.28)
	• http://okfashion.co.kr/detail.php?number=45208&thread=81r36r01
	  (방문일: 2016.11.28)
	• http://news.donga.com/3/all/20161114/81319502/1#csidx18d77f8091ebd
	  589de04fa984954669 (방문일:2016.11.28)
	• http://www.iusm.co.kr/news/articleView.html?idxno=217660 (방문일:2016.11.28)

PPT 샘플

〈표지〉

진정한 소통을 가로막는
인터넷 신조어

발표자 정보: 사회복지학과 1학년

〈목차〉

목차 CONTENTS

Ⅰ. 서론.
1. 주제 선정 이유
2. 인터넷 신조어란?

Ⅱ. 신조어로 막힌 우리들의 대화
1. 신조어 테스트
2. 신조어의 실태
3. 신조어의 문제점

Ⅲ. 막힌 벽을 극복한 우리들의 대화
1. 사례
2. 해결방안

Ⅳ. 결론

〈서론〉

Ⅰ. 서론

1. 주제 선정 이유
2. 인터넷 신조어란?

청소년, "신조어 없이 대화 힘들어"...기성세대, "의사소통 우려"

최근 신세대가 사용하는 인터넷 신조어 사용으로 인해 기성세대와의 의사소통 문제 발생

출처: 아시아투데이 http://www.asiatoday.co.kr/view.php?key=20161009010004403 (방문날짜:2016.11.15)

Ⅰ. 서론

1. 주제 선정 이유
2. 인터넷 신조어란?

인터넷 신조어란?

◆ 인터넷과 휴대폰 사용이 보편화되면서 빠른 의사소통을 위해 단어들을 합성하거나 줄여 만든 새로운 단어들

◆ 주로 청소년과 누리꾼 사이에서 널리 쓰임

◆ 실생활에 빠르게 확산되면서 기성세대와의 단절은 물론 같은 또래집단에서조차 소통 장애 발생

◆ 언어 파괴에 대한 문제점 제기

출처: [네이버 지식백과] 인터넷 신조어 (매일경제, 매경닷컴) (방문날짜:2016.11.28)

〈본론 1-1〉

II. 신조어로 막힌 우리들의 대화
1. 신조어 테스트   3. 신조어의 문제점
2. 신조어의 실태

※ 다음 신조어의 뜻을 맞춰보세요.

1. #G
2. 개룡남
3. 고나리자
4. 고답이
5. 궁물
6. 극딜
7. 글설리
8. 낄낄빠빠
9. 난희골혜
10. 낫닝겐
11. 더럽
12. 랜선 회초리질
13. 발컨
14. 복세편살
15. 사바사

16. 사이다
17. 성덕
18. 세젤귀
19. 솔까말
20. 시조새파킹
21. ㅇㄱㄹㅇ
22. ○○맘
23. 어그로
24. 일생가
25. 정주행
26. 제곧내
27. 취존
28. 쿠크
29. 핑프
30. 할많하않

〈본론 1-2〉

II. 신조어로 막힌 우리들의 대화
1. 신조어 테스트   3. 신조어의 문제점
2. 신조어의 실태

II · 신조어로 막힌 우리들의 대화

1. 신조어 테스트 3.신조어의 문제점
2. 신조어의 실태

◆ 줄임말/신조어를 사용하는 이유는?

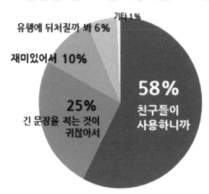

기타 1%
유행에 뒤처질까 봐 6%
재미있어서 10%
58% 친구들이 사용하니까
25% 긴 문장을 적는 것이 귀찮아서

출처 http://www.newscj.com/news/articleView.html?idxno=378764 (발표날짜 2016.11.28)

〈본론 1-3〉

II · 신조어로 막힌 우리들의 대화

1. 신조어 테스트 **3.신조어의 문제점**
2. 신조어의 실태

세대 간 갈등

소외감 발생

언어 파괴

〈본론 2-1〉

Ⅲ. 막힌 벽을 극복한 우리들의 대화

1. 사례
2. 해결방안

한글을 한글로!

신조어의 뜻을 소개하는 사전서비스

부모와 자녀 간의 소통문제 해결

기성세대와 공감대 및 유대관계 형성

출처:
http://news.donga.com/3/all/20161114/81319502/1#csidx18d77f8091ebd589de04fa984954669
(방문날짜:2016.11.28)

〈본론 2-2〉

Ⅲ. 막힌 벽을 극복한 우리들의 대화

1. 사례
2. 해결방안

- 스마트폰, SNS 사용 자제
- 언론과 방송에서 신조어 사용 자제

출처: https://www.youtube.com/watch?v=p4sN3NNy-hY
http://www.moneys.news/news/mwView.php?type=1&no=2016100609108034184&outlink=1 (방문날짜:2016.11.28)

Ⅳ. 결론

내가 '하고' 싶은 말보다
상대방이 '듣고' 싶은 말 하기

하기 쉬운 말보다
알아듣기 쉽게 이야기하기

참고자료

- 1차 자료: 인터넷 신조어

- 2차 자료:
  https://www.asiatoday.co.kr/view.php?key=20161009010004403
   (방문일:2016.11.15)
  https://terms.naver.com/entry.nhn?docId=16136&cid=43659&categoryI
   d=43659 (방문일:2016.11.28)
  http://cafe.naver.com/51960397/7226 (방문일:2016.11.28)
  https://www.youtube.com/watch?v=p4sN3NNy-hY(방문일:2016.11.28)
  http://okfashion.co.kr/detail.php?number=45208&thread=81r36r01 (방
   문일:2016.11.28)
  http://news.donga.com/3/all/20161114/81319502/1#csidx18d77f8091e
   bd589de04fa984954669 (방문일:2016.11.28)
  http://www.iusm.co.kr/news/articleView.html?idxno=217660
   (방문일:2016.11.28)

〈마무리 인사 및 질의 응답〉

감사합니다!

Q & A

2 최근 이슈가 되고 있는 사회 문제나 문화 현상 등에 대해 발표 주제를 정하여 〈발표 계획서〉와 발표 원고, PPT를 작성해보자. (개별 발표 및 조별 과제 실습용)

참고문헌

경기대 글쓰기 연구회, 『사고와 표현』, 로직인, 2014.

권혁래·김미영·박삼열 외, 『읽기와 쓰기』, 숭실대 출판부, 2009.

김경훤·김미란·김성수, 『창의적 사고 소통의 글쓰기』, 성균관대 출판부, 2013.

김무곤, 『종이책 읽기를 권함』, 더숲, 2011.

김양선·심보경·최성민, 『대학생을 위한 글쓰기 강의(개정판)』, 박이정, 2016.

박미령 외 편, 『사고와 표현』, 이화, 2017.

박주범, 『창의적 사고』, 대경, 2016.

박진, 『장르와 탈장르의 네트워크들』, 청동거울, 2007.

송재일 외, 『대학생을 위한 소통의 글쓰기』, 박이정, 2018.

양명주, 『친절한 자기소개서 작성법』, 나비와 활주로, 2016.

유광수 외, 『비판적 읽기와 소통의 글쓰기』, 박이정, 2014.

이강룡, 『디지털 시대의 글쓰기』, 살림, 2018.

이문호, 『논문작성법』, 경북대 출판부, 1996.

이인영, 『기업을 흥분시키는 자기소개서』, 커뮤니케이션북스, 2014.

이화여대 교양국어 편찬위원회, 『우리말과 글쓰기(개정판)』, 이화여대출판부, 2013.

정문길·최원식 외 편, 『발견으로서의 동아시아』, 문학과 지성사, 2000.

정민, 『오직 독서뿐』, 김영사, 2013.

정희모 외, 『대학 글쓰기』, 삼인, 2008.

최수현·한영현, 『디지털 세대를 위한 창의적 구상과 소통의 글쓰기』, 박이정, 2017.

한승옥 외, 『읽기와 쓰기』, 보고사, 2005.

홍인숙, 『창의적 사고와 글쓰기』, 보고사, 2015.

U. 에코 저, 김운찬 역, 『논문 잘 쓰는 방법』, 열린책들, 2001.